Rachel Hawkes

Michael Spencer

ALWAYS LEARNING

PEARSON

Published by Pearson Education Limited, 80 Strand, London, WC2R 0RL.

www.pearsonschoolsandfecolleges.co.uk

Text © Pearson Education Limited 2015
Edited by Melanie Birdsall
Typeset by Oxford Designers and Illustrators Ltd
Original illustrations © Pearson Education Limited 2015
Illustrated by KJA Artists, Beehive Illustration (Clive Goodyer),
Oxford Designers and Illustrators and John Hallett
Cover photo © Pearson Education Limited: Jörg Carstensen

The rights of Rachel Hawkes and Michael Spencer to be identified as authors of this work have been asserted by them in accordance with the Copyright, Designs and Patents Act 1988.

First published 2015

18 17 16 15 14
10 9 8 7 6 5 4 3 2 1

British Library Cataloguing in Publication Data
A catalogue record for this book is available from the British Library

ISBN 978 1 447 93523 0

Copyright notice

All rights reserved. No part of this publication may be reproduced in any form or by any means (including photocopying or storing it in any medium by electronic means and whether or not transiently or incidentally to some other use of this publication) without the written permission of the copyright owner, except in accordance with the provisions of the Copyright, Designs and Patents Act 1988 or under the terms of a licence issued by the Copyright Licensing Agency, Saffron House, 6–10 Kirby Street, London EC1N 8TS (www.cla.co.uk). Applications for the copyright owner's written permission should be addressed to the publisher.

Printed in Slovakia by Neografia

All audio recorded at Alchemy Post for Pearson Education Ltd

With thanks to Rowan Laxton at Alchemy Post and Camilla Laxton at Chatterbox voices, Britta Gartner, Walter Bohnacker and our cast (Alice Andreic, Carlos Bismarck, Franziska Wulf, Hannah Robertson, Jakob Kraeulte and Johannes Kraeulte).

Additional music from Audio Network: Kapitel 2, Einheit 1: (2) Gareth Johnson (PRS); (5) Igor Dvorkin (PRS) and Ellie Kidd (PRS); (6) Chris Blackwell (PRS) Kapitel 2, Einheit 3: (1) Christian Marsac (PRS); (2) Chris Blackwell (PRS); (3) Gareth Johnson (PRS)

Additional SFX in Kapitel 2, Einheit 2: sound-effects-library.com
(1) Essential SFX, (3) Break Beats, (4, 7 & 8) Sound Ideas, (5 & 6) Architect of Sound; (2) Soundrangers, Inc.

Song recorded at Alchemy Post for Pearson Education Ltd; composed and arranged by Charlie Spencer of Candle Music.

Acknowledgements

'Früher' song text in Kapitel 2 used with kind permission of Wise Guys Verlag GbR. 'Du bist mein Glück' song text in Kapitel 5 used with kind permission of Matthias Reim and Manta Music Verlagsgesellschaft mbH.

The author and publisher would like to thank the following for their kind permission to reproduce photographs:

(Key: b-bottom; c-centre; l-left; r-right; t-top)

123RF.com: fckncg 117 (3f), Matthew Antonino 122r, Vladimir Nikulin 99c; akg-images Ltd: ullstein bild 28bl; Alamy Images: Andrea Lavaria 67, Andrew Fox 80tr, Blend Images 14 (1e), Bob Pardue - SC 116 (Limo), Cultura Creative (RF) 62t, Hemis 72 (2.6), Horizons WWP 102bl (Feet), John Schwieder 72 (2.3), Leila Cutler 14 (1a), Mar Photographics 13cl, MBI 60 (1h), Outdoor-Archiv 72 (2.2), 72 (3 Top), PYMCA 36; Bridgeman Art Library Ltd: Hamburger Kunsthalle, Hamburg, Germany 52bl, 53cl, Private Collection 52br, 53cr, 65br, Private Collection / © Arkivi UG All Rights Reserved 6br, Private Collection / Photo © Christie's Images 52tl, 52tr, Van der Heydt Museum, Wuppertal, Germany 64br; Corbis: 64 / Ocean 39, Julian Stratenschulte / dpa 18bl; Fotolia.com: 21051968 95r, absolut 15tr, Alex 72 (2.5), charles taylor 76 (1a), Coka 72 (2.1), contrastwerkstatt 58tl, Elenathewise 73cl, Eléonore H 89b, ffly 58cr, FOOD-pictures 116 (Carrot), goodluz 38, grafikplusfoto 126, jjgerber 102br, justinrward 78tc, Juulijs 28c, karenkh 89 (1e), Marco2811 102cl, Maslov Dmitry 78tl, Masson 64tl, micromonkey 129, mozZz 117 (3a), 117 (3e), Patryssia 99l, rgbspace 34tr, Sabphoto 77tl, soleg 76 (1d), 89 (1a), SOMATUSCANI 58tr; Getty Images: AFP 73cr, 97tc, AFP / Robert Michael 8tr, Aurora / Andrew Kornylak 125tc, Betsie Van der Meer 58br (Girl), Blend Images / Jon Feingersh 40, E+ / arne thaysen 97b, E+ / CountryStyle Photography 17tr, E+ / Nikada 37, FilmMagic / Fred Duval 75r, Flickr Vision / Denis Prezat 8 (3b), G. Gershoff 97cr, Gareth Cattermole 97tl, iStockPhoto.com / Luis Abrantes 29 (2b), Marcus Hartmann 18bc, 19, Thinkstock / iStock / Maridav 103, Michael Debets / Pacific Press / LightRocket 48, Paul Warner 97c, Peter Bischoff 60 (1d), PhotoDisc / Digital Vision 125cr, Popperfoto 12, Quinn Rooney 8tl, Thinkstock / diego cervo 60 (1c), Thinkstock / Goodshot / Jupiterimages 60 (1e), Thinkstock / iStock / Bart_Kowski 116 (Laptop), Thinkstock / iStock / Leopardinatree 116 (Ox), Thinkstock / Photos.com / Jupiterimages 116 (Affenpinscher), Universal Images Group 75l, Velta / Steve Debenport 14 (1g); Heim-Spiele Sport•Strategie•Marketing: 18tl; Mary Evans Picture Library: 65tl; Masterfile UK Ltd: 106 (1b); Pearson Education Ltd: Jon Barlow 57tl, 104br, 106 (1f), 111, Jörg Carstensen 80tl, 104bl, Jules Selmes 31tr, Studio 8 77tc; Photolibrary.com: Comstock Images 51; Photos.com: AndrewLam 43br, dennisvdw 29 (2a), Ekaterina Lin 62b, Jupiterimages 34tl, LuminaStock 101tl; Press Association Images: AP 97cl, AP / Brennan Linsley 27br, AP / Matt Dunham 53br, DPA / Pauline Willrodt 117 (4.2), PA Archive / Sean Dempsey 26 (Tightrope), Peter Byrne / PA Wire 26 (Blue Peter), Steve Pepple / AP 117 (3b); Reuters: Adrees Latif 117 (3g), Fabrizio Bensch FAB / AA 58bl, Ina Fassbender 117 (3h); Issei Kato 27bc; Rex Features: 28tr, Brian Rasic 10 (2.1), Charles Sykes 7cr, David Fisher 26 (Portrait), Doug Blaine 54cl, 124 (1a), Everett Collection 74tr, Fayolle Pascal / SIPA 7bl, Goncalo Silva / NurPhoto 7tl, James D. Morgan 10 (2.2), Ken McKay 10 (2.3), Leandro Justen / BFANYC.com 21r, Mauro Carraro 74tl, McPix Ltd 10 (2.5), MediaPunch 11, Mike Carling / Sport Relief 26 (South Pole), Picture Perfect 6tr, Richard Young 43tr, Sipa Press 6cl, 15cr, 74bl, Steve Meddle 10 (2.4), 117 (4.1), The World of Sports SC 97tr, Today 74br; Robert Harding World Imagery: I. Schulz 26 (Namibia), Juan Carlos Munoz 26 (Amazon); Science Photo Library Ltd: Cooper 116 (Python); Shutterstock.com: androniques 89 (1b), arek_malang 15cl, 122l, ariadna de raadt 60 (1a Restaurant), Artmim 76 (1b), attem 94, Baloncici 106 (1c Bath), bikeriderlondon 14 (1c), Brian Chase 34br, Chris Fourie 116 (Elephant), CREATISTA 102tr, Denis Mironov 14 (1d), Dmitry Bruskov 106 (1c Shower), FeatureFlash 8 (3c), 8 (3d), 8 (3e), Fedor Selivanov 60 (1f), Galina Barskaya 77tr, George Dolgikh 57tr, george green 60 (1b), gorillaimages 104tl, grafvision 14 (1f), iurii 54bl, 124 (1e), Jagodka 116 (Chihuahua), JJ pixs 122c, Jorg Hackemann 54br, 124 (1c), 125tl, Kzenon 29 (2d), mangostock 61tl, megainarmy 14 (1b), michaeljung 58cl, Michel Borges 99r, Mircea BEZERGHEANU 104tr, Monkey Business Images 17bl, 104tc, norhazlan 76 (1c), 89 (1d), Olga Reutska 124bl, Paul Banton 116 (Giraffe), Pavel L Photo and Video 73tl, Poznyakov 43cr, Rido 60 (1a Café), Rus S 13cr, rusty426 21c, s_bukley 8 (3a), Tracy Whiteside 15tl, Tsian 30tc, Tyler Olsen 95l, Vibrant Image Studio 102bl (Bus), wavebreakmedia 106 (1e), yampi 102tl; Sozaijiten: 102cr; TopFoto: ArenaPAL / Sisi Burn 28br, The Granger Collection, New York 28tl; Veer / Corbis: AndiPu 72 (3 Bottom), Andy Dean 76 (1e), clearviewstock 106 (1a), ecopic 118br, eriklam 116 (SPaniel), Galina Barskaya 31tl, Galyna Andrushko 54cr, 124 (1b), Godfer 104bc, Greg Epperson 55, H2Oone 116 (Phone), Hasenonkel 30tr, homestudio 89 (1f), Jonmilnes 54tl, 124 (1d), Kamil Macniak 29 (2c), leungchopan 106 (1d), p.studio66 54tr, 124 (1f), PicsFive 89 (1c), Robert Kneschke 61tr, Robert Marmion 101tr, Sergey Novikov 118tl, Sinisa Botas 60 (1g), urfin 116 (TV); www.imagesource.com: 72 (2.4), Blend Images RM 125bl, Cultura RF / Ghislain & Marie David de Lossy 34tc, 41tr, The RF Signature Collection 58br (Boy)

All other images © Pearson Education Limited

Every effort has been made to trace the copyright holders and we apologise in advance for any unintentional omissions. We would be pleased to insert the appropriate acknowledgement in any subsequent edition of this publication.

Pearson Education Limited is not responsible for the content of any external internet sites. It is essential for tutors to preview each website before using it in class so as to ensure that the URL is still accurate, relevant and appropriate. We suggest that tutors bookmark useful websites and consider enabling students to access them through the school/college intranet.

Contents – Inhalt

KAPITEL 1 Vorbilder 6

1. **Beweg dich!** 8
   Learning parts of the body
   The present tense (irregular verbs)
2. **Mein Vorbild** 10
   Talking about role models
   Using *weil*
3. **In meinem Leben …** 12
   Talking about experiences
   Using the perfect tense
4. **Zukunftspläne** 14
   Discussing future plans and aspirations
   Using *werden* to form the future tense
5. **Was ist passiert?** 16
   Talking about injuries
   More on the perfect tense
6. **Extension Reading Skills: Ich hab's geschafft!** 18
   Learning about achievements
   Tackling a longer reading text

Lernzieltest 20
Wiederholung 21
Grammatik 22
Wörter 24
Projektzone: Stars und die Medien 26
   Discussing celebrities in the media
   Creating a magazine page

KAPITEL 2 Musik 28

1. **Wild auf Musik!** 30
   Talking about types of music
   Using subject pronouns
2. **Musiker gesucht!** 32
   Talking about playing or singing in a band
   Using *seit* (for/since)
3. **Bandwettbewerb!** 34
   Discussing different bands
   Making comparisons
4. **Auf einem Musikfestival** 36
   Describing a music festival
   Using a variety of verbs in the perfect tense
5. **Speaking Skills: Wie war's auf dem Festival?** 38
   Interviewing at a music festival
   Asking and answering questions spontaneously
6. **Extension Reading Skills: SchoolJam!** 40
   Understanding a range of written texts
   Coping with different types of texts

Lernzieltest 42
Wiederholung 43
Grammatik 44
Wörter 46
Projektzone 1: Wir schreiben Songs! 48
   Getting to know a well-known German band
   Creating song lyrics
Projektzone 2: Eine neue Band 50
   Researching German-speaking bands
   Presenting and promoting a band

drei 3

KAPITEL 3 Meine Ambitionen 52

1 Wahnsinn! **54**
  Discussing crazy ambitions
  Using the conditional

2 Mein Job **56**
  Talking about part-time jobs
  Using *man* with modal verbs (*darf, kann, muss*)

3 Ich möchte **58**
  Discussing what you would like to be or do
  Using correct word order

4 Im Skiort **60**
  Talking about working in a ski resort
  Using *in* and *auf* with the dative

5 Listening Skills: Eine Nachricht **62**
  Understanding and responding to telephone messages
  Transcribing and decoding language

6 Extension Reading Skills: Ich möchte Künstler werden **64**
  Understanding and responding to a range of texts
  Exploring an artist and painting in detail

Lernzieltest **66**
Wiederholung **67**
Grammatik **68**
Wörter **70**
Projektzone: Der beste Job der Welt **72**
  Finding out about an amazing job
  Applying for a dream job

KAPITEL 4 Die Kindheit 74

1 Meine Kindheit **76**
  Talking about your childhood
  Using *hatte* and *war*

2 Erinnerungen **78**
  Talking about childhood activities
  Using *konnte, durfte* and *musste*

3 Sekundarschule oder Grundschule? **80**
  Comparing secondary school and primary school
  Using present and past tenses

4 Er war der Beste! **82**
  Talking about primary school friends
  Using the superlative

5 Writing Skills: Es war einmal **84**
  Writing about fairy tales
  Recognising perfect and imperfect tenses

6 Extension Reading Skills: Erzähl mir was! **86**
  Telling stories
  Understanding detail in longer texts

Lernzieltest **88**
Wiederholung **89**
Grammatik **90**
Wörter **92**
Projektzone: Mein Leben in Wort und Bild **94**
  Discussing childhood memories
  Creating a 'baby book'

KAPITEL 5 — Rechte und Pflichten — 96

1 Darf man das? 98
   Talking about age limits
   Using correct word order

2 Was ist dir wichtig? 100
   Discussing what is most important to us
   More practice of word order after *weil*

3 Ein neues Leben 102
   Comparing life now and in the past
   Understanding and using past, present and future tenses

4 Eine bessere Welt 104
   Discussing how we can raise money for good causes
   Using a variety of modal verbs (*wir* form)

5 Speaking Skills: Jeder kann was tun! 106
   Describing small changes that make a big difference
   Participating in a debate

6 Extension Reading Skills: Was ist Glück? 108
   Discussing what is important for happiness
   Reading and responding to authentic and literary texts

Lernzieltest 110
Wiederholung 111
Grammatik 112
Wörter 114
Projektzone 1: Rekorde 116
   Exploring world records and unusual facts
   Comparing facts and figures
Projektzone 2: Ländersteckbriefe 118
   Exploring countries in detail
   Creating your perfect country

Extra (Lesen/Schreiben) 120

Verbtabellen 130

Strategien 133

German key sounds 134

Wortschatz (Deutsch–Englisch) 135

Anweisungen 144

fünf 5

KAPITEL 1 Vorbilder

1 Finde den **richtigen** Satz für jede Person.

a Er ist Formel-1-Rennfahrer.
b Er kommt aus Paris.
c Er ist ein internationaler Modedesigner aus Deutschland.

KARL LAGERFELD

a Er ist Extremsportler aus Österreich.
b Er ist Chef von Mercedes-Benz.
c Er ist Bundespräsident von Deutschland.

Felix Baumgartner

a Elisabeth Amalie Eugenie ist am 24. Dezember 1837 in München geboren.
b Sie war eine berühmte Sängerin.
c Sie wohnt in Amerika.

KAISERIN ELISABETH (SISI)

KAPITEL 1

a Sie ist eine berühmte Schauspielerin aus der Schweiz.
b Sie ist Politikerin und ist in Hamburg geboren.
c Sie ist Präsidentin von Österreich.

ANGELA MERKEL

a Sie hat die *Harry-Potter-Bücher* geschrieben.
b Sie hat eine Medaille bei den Olympischen Spielen gewonnen.
c Sie ist eine deutsche Autorin von Kinder- und Jugendbüchern.

Cornelia Funke

a Sie ist eine olympische Skiläuferin aus der Schweiz.
b Sie spricht keine Fremdsprachen.
c Sie ist gar nicht sportlich.

LARA GUT

2 Kennst du berühmte Personen aus Deutschland, Österreich oder der Schweiz? Schreib die Tabelle ab und mach eine Liste.

Name	Land	Warum berühmt?
Roger Federer	Schweiz	Tennisspieler

sieben **7**

1 Beweg dich!

> ▶ Learning parts of the body
> ▶ The present tense (irregular verbs)

1 Partnerarbeit. Wie sagt man das?

Kristina Vogel

der Körper

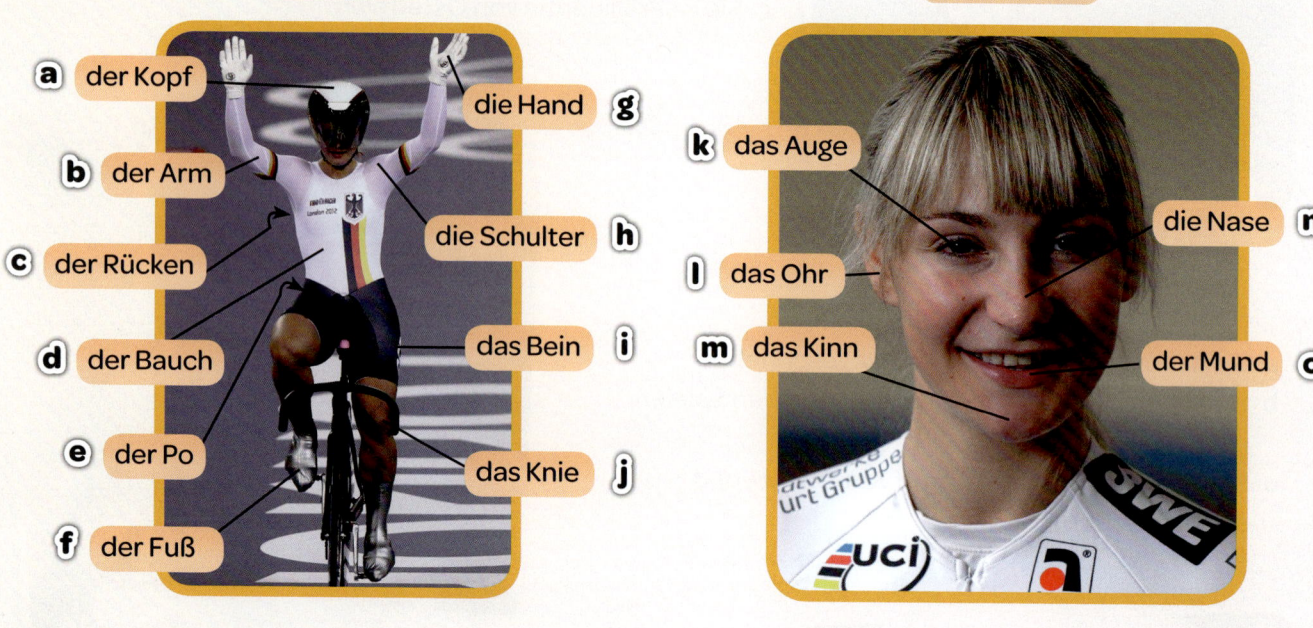

a der Kopf
b der Arm
c der Rücken
d der Bauch
e der Po
f der Fuß
g die Hand
h die Schulter
i das Bein
j das Knie

das Gesicht

k das Auge
l das Ohr
m das Kinn
n die Nase
o der Mund

2 Hör zu. Was passt zusammen? Finde die Paare. (1–15)
Beispiel: **1** d

3 Lies die Sätze und sieh dir die Bilder an. Was passt zusammen?
1 Das ist Daniel Craigs Nase.
2 Das sind Justin Biebers Beine.
3 Das ist Lady Gagas Mund.
4 Das sind Emma Watsons Augen.
5 Das ist Bradley Wiggins' Fuß.

  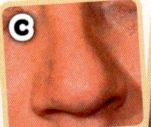  
a b c d e

Aussprache
Use the key sounds to help you pronounce the parts of the body, e.g. the *au* and *ch* of *Bauch* as in *Haus* and *Buch* .
Some of the words are cognates – but be careful of their pronunciation.

4 Gruppenarbeit. Sieh dir die Bilder an und mach Dialoge.
● *Nummer 1. Ich denke, das ist Andy Murrays Mund.*
■ *Nein, du spinnst! Das ist Daniel Radcliffes Mund.*
◆ *Was? Das stimmt nicht! Ich denke, …*

Das **ist** *Peters Arm.*
(That is Peter's arm.)

Das **sind** *Peters Arme.*
(Those are Peter's arms.)

You can find the plural forms in *Wörter* (page 24):
*der Arm***(-e)** means the plural is *die Arm***e**.

You don't need an apostrophe to show possession in German unless the name ends in an **s** sound: *David***s** *Fuß*, *Markus' Fuß*.

Hör zu, sing mit und zeig auf die Körperteile! Beweg dich!
Listen, sing along and point to the parts of the body! Get moving!

Lies den Text. Welche drei Bilder (1–5) sind Striebe, Güblich und Teibord?
Beispiel: **Striebe** = Bild ...

Das Bewegungslied
Steh auf!
Hand, Arm, Schulter, Rücken, Po.
Heb die Hand!
Hand, Arm, Schulter, Rücken, Po.
Heb die Hand!
Kopf, Bauch, Bein, Knie und Fuß,
(Klatsch, Klatsch!)
Nase, Ohren, Augen, Mund und Kinn.
Setz dich hin!

Ich heiße **Striebe** und ich wohne in Fantasiestadt auf dem Planeten Knupf. Ich habe einen Kopf und ich habe drei Augen und drei Hände. Das finde ich toll, weil es so praktisch ist. Ich lese gern und sehe gern Filme.

Meine Freundin **Güblich** ist sportlich. Sie hat vier Beine und läuft sehr schnell. Sie hört gern Musik (sie hat drei Ohren) und sie sieht gern Sportsendungen.

Mein Freund **Teibord** hat drei kurze Beine und drei sehr lange Arme. Er fährt sehr gern Skateboard und er isst viel Obst.

Grammatik > Page 22

Some verbs are irregular in the present tense – but this is usually only in the **du** and **er/sie/es/man** forms.

	haben	fahren	laufen	sehen	lesen	essen	sein
	to have	to go	to run	to see	to read	to eat	to be
ich	habe	fahre	laufe	sehe	lese	esse	bin
du	hast	fährst	läufst	siehst	liest	isst	bist
er/sie/es/man	hat	fährt	läuft	sieht	liest	isst	ist

1 2 3 4 5

Finde die folgenden Wörter im Text (Aufgabe 6).

- **5** parts of the body (der) Kopf, ...
- **4** irregular verbs
- **3** adjectives
- **2** plural nouns
- **1** connective

Beschreib eine „Person" aus Fantasiestadt. Sieh dir zur Hilfe Aufgabe 6 an.
Beispiel:

> Das ist Biebang. Er hat einen Kopf und ..., aber ...

Biebang   Würbel   Zigund

When you learn new nouns, learn the gender (**der**, **die**, **das**) as well.
After **haben** and most other verbs the masculine words for 'a' (**ein**) and 'the' (**der**) change their spelling:
ein ➔ **einen** and **der** ➔ **den**
E.g. **ein** Kopf ➔ Er hat **einen** großen Kopf!

2 Mein Vorbild

> Talking about role models
> Using **weil**

 1 Wie heißen die Adjektive auf Englisch?
Beispiel: **1** begabt – talented

| begabt | berühmt | dynamisch | erfolgreich | lustig | originell | reich |

| rich | talented | original | successful | famous | dynamic | funny |

 **2** Hör zu. Welche Adjektive passen? (1–5)
Beispiel: **1** originell

1 Jamie Oliver

2 Maria Sharapova

3 Dawn French

4 Bill Gates

5 Jessica Ennis-Hill

Grammatik
After **weil** (because), the verb goes to the end of the sentence:
*Jamie Oliver ist mein Vorbild. Er **ist** originell.* ➔
*Jamie Oliver ist mein Vorbild, **weil** er originell **ist**.*

 **3** Gruppenarbeit. Mach Dialoge.
Beispiel:
● Wer ist dein Vorbild und warum?
■ Jessie J ist mein Vorbild, weil sie sehr begabt ist.
◆ Was? Du spinnst! Ich mag Jessie J nicht, weil …

| … ist mein Vorbild,
Ich liebe …,
Ich mag …,
Ich mag … nicht, | weil er
weil sie | sehr
zu
nicht
nie | begabt
dynamisch
arrogant
launisch
nervig | ist. |

 Making conversations more interesting

- Use some group talk phrases – you heard a few in exercise 2.
  ☹ *Was? Quatsch! Du spinnst! Das stimmt nicht!*
  ☺ *Das stimmt! Das finde ich auch. Ich bin ganz deiner Meinung!*
- Use qualifiers with adjectives.
  *Sie ist **sehr** dynamisch.*
- Say who you don't like as well as who you do like.
  ☹ *ich mag … nicht*
  ☺ *ich mag …, ich liebe …*
- Always give reasons: **weil** …

KAPITEL 1

 **4** Finde die Paare. Schreib die Sätze auf.
Beispiel: **1** b (Bradley Wiggins …)

1	Bradley Wiggins	a	läuft sehr schnell.
2	Ed Sheeran	b	fährt schnell Rad.
3	Fearne Cotton	c	singt viele Lieder.
4	Rihanna	d	liest die Nachrichten.
5	Mo Farah	e	ist oft im Fernsehen.
6	Krishnan Guru-Murthy	f	spielt gut Gitarre.

Grammatik — Page 22

Look back at the previous unit to remind yourself of some irregular verbs. Remember *sein* (to be) is very irregular.

sein (to be)
ich **bin**
du **bist**
er/sie/es/man **ist**

 5 Partnerarbeit. Partner(in) A wählt eine Person aus; Partner(in) B muss raten.
Beispiel:

- *Ist dein Vorbild ein Mann oder eine Frau?*
- *Mein Vorbild ist ein Mann.*
- *Ist er sehr reich?*
- *Ja, er ist sehr reich.*
- *Spielt er gut Fußball?*
- *Nein, er spielt nicht gut Fußball.*
- …

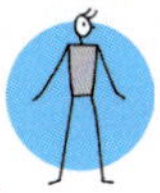

Weitere Fragen:
Ist er/sie Sportler(in)?
Ist er/sie Schauspieler(in)?
Ist er/sie Musiker(in)?
Ist er/sie im Fernsehen?
Fährt er/sie Rad?
Spielt er/sie Tennis?

Remember to turn the **subject** and <u>verb</u> round in questions.
Er <u>spielt</u> Fußball. ➔ *<u>Spielt</u> er Fußball?*
<u>Sie</u> ist Musikerin. ➔ *<u>Ist</u> sie Musikerin?*

 6 Mach ein Poster über dein Vorbild. Schreib ein paar Sätze und finde Fotos.
- Wer ist dein Vorbild?
- Warum?
- Was macht er/sie?
- Wie ist er/sie?

Beispiel:

> *Lady Gaga ist mein Vorbild, weil sie sehr begabt ist.*
> *Lady Gaga singt sehr gut. Sie ist originell und nicht …*

 7 Präsentiere dein Vorbild. Benutze deinen Text aus Aufgabe 6 zur Hilfe.

3 In meinem Leben …

> Talking about experiences
> Using the perfect tense

 **1** Hör zu und lies die Sätze. Was haben die Personen gemacht? (1–6)
Beispiel: **1** c

Was hast du in deinem Leben gemacht?

Ich habe …

Ich bin …

 **b** mit Kindern gearbeitet.
a viele Reisen gemacht.
 **c** viele Länder gesehen.
d viele Preise gewonnen. 
e viel Geld verdient. 
f viel trainiert. 
 **g** nach Afrika gefahren.

 **2** Partnerarbeit. Sieh dir die Bilder an. Dein Partner/Deine Partnerin wählt ein Bild aus. Du sprichst.
Beispiel:
- Bild b
- „Ich habe viele Länder gesehen."

 **a**  **b**  **c**
 **d**  **e**

Grammatik > Page 23

Use the perfect tense to talk about things that happened in the past. It is made up of two parts – the **auxiliary** (*haben* or *sein*) and the past participle (e.g. **ge**mach**t** or **ge**fahr**en**).

ich **habe**	**ge**macht
du **hast**	**ge**wonnen
er/sie/es/man **hat**	ver**dient**
	train**iert**
ich **bin**	
du **bist**	**ge**fahren
er/sie/es/man **ist**	

Most verbs that form the perfect tense with **sein** involve movement from one place to another (e.g. *fahren*).

3 Schreib einen kurzen Text über dein Vorbild. Schreib in der *ich-Form*.
Beispiel:

Mein Name ist Mo Farah. Ich bin Sportler. Ich bin erfolgreich und lustig. In meinem Leben habe ich viel trainiert und ich habe viele Preise gewonnen. …

 You might want to use some other verbs in the perfect tense. For example:
Ich habe (Tennis/Gitarre) **ge**spiel**t**.
Ich habe in (Amerika) **ge**wohn**t**.
Ich habe (Biologie) stud**iert**.

12 zwölf

KAPITEL 1

4 Hör zu. Schreib die Tabelle ab und füll sie aus. (1–5)

Beispiel:

	Vorbild	Wie ist er/sie?	Was hat er/sie gemacht?
1	Onkel Stefan	freundlich, fair	
2			

5 Hier sind neue Infinitive. Wie heißen sie auf Englisch?

1 essen 2 schreiben 3 segeln 4 haben
5 singen 6 tanzen 7 gehen 8 wohnen

to dance   to have
to live   to eat
to go   to write
to sing   to sail

6 Lies die Texte und finde die Verben aus Aufgabe 5 im Perfekt.

Elena

Elena (25 Jahre alt) ist begabt und dynamisch. Sie ist letztes Jahr mit diesem Schiff nach Amerika gesegelt. Sie hat sechs Wochen auf dem Schiff gewohnt und hat jeden Tag ein tolles Blog über die Reise geschrieben. Elena hat hart gearbeitet, aber sie hat auch viel Spaß gehabt. Abends hat sie gespielt, gesungen und viel Fisch gegessen!

die Reise = voyage

Lukas

Lukas (28) ist professioneller Tänzer. Er hat in vielen Ländern getanzt und letzten Sommer ist er nach China gefahren. Er ist in viele tolle Tanzstudios gegangen und er hat wunderbare Tanz-Shows gesehen. Er hat auch bei einer Tanz-Show einen Preis gewonnen. Lukas ist so begabt … und jetzt auch ziemlich reich!

7 Lies die Texte noch mal. Wähl die richtigen Wörter aus und vervollständige die Sätze.

1 Elena hat **ein Jahr / sechs Wochen** auf dem Schiff gewohnt.
2 Sie hat jeden Tag **ein Blog / ein Buch** geschrieben.
3 Abends hat sie viel Fisch **gesungen / gegessen**.
4 Letzten Sommer ist Lukas **nach China / nach Amerika** gefahren.
5 Er ist in **Tanzstudios / Fernsehstudios** gegangen.
6 Er hat einen Preis im Tanzen **gegessen / gewonnen**.

8 Übersetze die richtigen Sätze aus Aufgabe 7 ins Englische.

9 Partnerarbeit. Beantworte die Fragen über ein Vorbild.
- Wer ist dein Vorbild? *(Mein Vorbild ist …)*
- Warum? Wie ist er/sie? *(Er/Sie ist mein Vorbild, weil er/sie [sehr begabt und erfolgreich] ist.)*
- Was hat er/sie gemacht? *(Er/Sie [hat mit Kindern in Afrika gearbeitet] und er/sie [ist nach Amerika gefahren].)*

4 Zukunftspläne

> Discussing future plans and aspirations
> Using **werden** to form the future tense

1 Hör zu und lies die Sätze. Was werden die Personen machen? (1–7)
Beispiel: **1** b

Was wirst du in der Zukunft machen?

a viele Reisen machen.
b viele Länder sehen.
c Arzt/Ärztin werden.
d im Ausland leben.

In der Zukunft werde ich …

e Theaterwissenschaft studieren.
f viel Geld verdienen.
g für eine Hilfsorganisation arbeiten.

2 Hör zu. Schreib die Tabelle ab und füll sie auf Englisch aus. (1–4)

1 Louisa   3 Caro
2 Amir   4 Zak

	Name	In the future I will …
1	Louisa	study …

Grammatik
> Page 23

The future tense is formed with part of **werden** and an infinitive, which goes at the end of the sentence.

ich	werde	+ infinitive
du	wirst	… arbeiten
er/sie/es/man	wird	… leben
		… studieren

*Ich **werde** im Ausland **leben**.*   I will live abroad.

In its infinitive form, *werden* means 'to become' or 'to be':
*Ich werde Arzt/Ärztin **werden**.*   I will **become** a doctor.

3 Partnerarbeit. Würfele und mach Dialoge.
Pair work. Throw the dice and create dialogues.
Beispiel:

● Was wirst du in der Zukunft machen?
■ 🎲 Ich werde im Ausland leben.

Aussprache
Use your key sounds to help with pronunciation:

the **ei** in *R**ei**sen* and *arb**ei**ten* as in *E**i**s* 🍦

the **ä** in *Ä**rztin* as in *B**ä**r*.

Schlüssel 🔑

14 *vierzehn*

KAPITEL 1

4 Lies die Texte. Was werden sie machen? Mach Notizen auf Englisch.
Beispiel: Thomas – will work hard, …

Thomas
Meine Tante Julia ist mein Vorbild. Sie arbeitet sehr hart, aber sie ist immer freundlich und dynamisch. Sie macht viel Sport! Ich werde auch hart arbeiten und ich werde später Arzt werden. Ich werde in zehn Jahren im Ausland leben – ich denke, das wird interessant sein.

Susanna
Ich finde die Schauspielerin Angelina Jolie so inspirierend. Sie ist sehr berühmt und begabt, aber sie ist nie arrogant. Ich werde nächstes Jahr Theaterwissenschaft studieren, dann werde ich viele Reisen machen. Ich werde auch für eine Hilfsorganisation arbeiten.

5 Lies die Texte noch mal. Was passt zusammen?
Beispiel: **1** d

1 always	4 never	a abroad
2 later	5 next year	b travel
3 in 10 years	6 then	c drama
		d friendly and energetic
		e arrogant
		f doctor

Useful time phrases:
später (later)
dann (then)
in zehn Jahren (in ten years)

When a sentence starts with a **time phrase**, the verb comes next.
Später werde ich im Ausland leben.

6 Lies die Texte noch mal. Korrigiere die Sätze.
Beispiel: **1** Tante Julia arbeitet <u>sehr hart</u>.

1 Tante Julia arbeitet nicht.
2 Thomas wird nie Arzt werden.
3 Thomas wird in zehn Jahren in Afrika arbeiten.
4 Susanna ist sehr berühmt und begabt.
5 Susanna wird nächste Woche Theaterwissenschaft studieren.
6 Dann wird sie viel Geld verdienen.

7 Wer ist dein Vorbild? Und was wirst du später machen?
Beispiel:

> … ist mein Vorbild, weil er/sie … ist.
> Ich werde … Ich werde später …
> Dann werde ich …

In your writing, make sure you …
• adapt language from exercise 4
• say who your role model is and why
• include adjectives (*begabt, erfolgreich, …*)
• use time phrases, e.g. *dann, in zehn Jahren*.

Accuracy in spelling
• Remember the phonics:
Sound the words out to help you (e.g. **V**orbild).
• Use capital letters for nouns (e.g. *Tante, Schauspielerin*).
• Don't forget umlauts (e.g. *berühmt, später*).

Accuracy in grammar
• Word order:
 – verb second after time phrases
 – infinitives at the end of future tense sentences.
• Tenses – show that you can use present and future.

fünfzehn **15**

5 Was ist passiert?

> ▸ Talking about injuries
> ▸ More on the perfect tense

 **1** Hör zu und finde die Paare. (1–5)
Beispiel: **1** d

Was ist passiert?

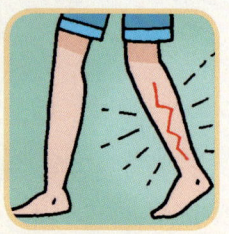 a 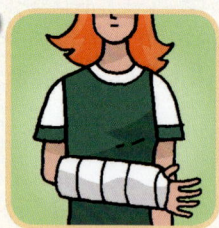 b  c  d 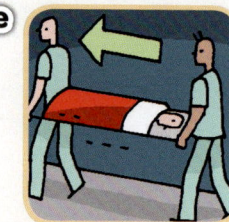 e

| Ich habe mir das Bein verletzt. | Ich habe mir den Arm gebrochen. | Ich habe einen Unfall im Schwimmbad gehabt. | Ich bin vom Rad gefallen. | Ich bin ins Krankenhaus gekommen. |

 In German, instead of saying 'I've injured my leg' or 'I've broken my arm' you say 'I've injured **the** leg' or 'I've broken **the** arm'.

Ich habe mir	**den** Arm	verletzt.
	die Schulter	gebrochen.
	das Bein	

Grammatik ▸ Page 23

Let's look at a few more verbs in the perfect tense.

ich **habe**	**ge**hab**t**
du **hast**	**ge**brochen
er/sie/es/man **hat**	**ver**letz**t**
ich **bin**	**ge**fallen
du **bist**	**ge**kommen
er/sie/es/man **ist**	

Remember that most verbs that form the perfect tense with **sein** involve movement from one place to another (e.g. **fahren**, **kommen**).

 **2** Hör zu und sieh dir die Bilder (Aufgabe 1) an. Schreib die Tabelle ab und füll sie aus. (1–4)

1 Fatima **2** Leo **3** Susi **4** Max

	Name	Bilder
1	Fatima	d, …
2		

 **3** Partnerarbeit. Sieh dir die Bilder an. Mach Dialoge.
Beispiel: **a**

- Was ist passiert?
- Ich habe mir das Bein verletzt und ich bin ins Krankenhaus gekommen.

a 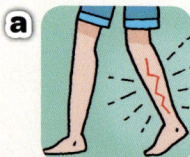 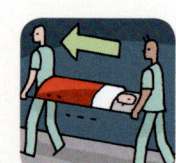   b

c  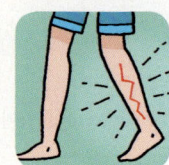   d

4 Lies den Text. Schreib die Infinitive der unterstrichenen Partizipien auf.

Try to work out the infinitive forms of the underlined past participles. Check them in a dictionary.

Beispiel: (past participle)   gewonnen
           (infinitive)   gewinnen

Amelia

Ich habe einen Unfall gehabt!

Ich reite gern und ich habe letzten Monat mit meinem Pferd Schnuppi drei Preise <u>gewonnen</u>. Sehr erfolgreich, nicht? Gestern habe ich normal <u>trainiert</u>, aber ich habe einen Unfall <u>gehabt</u>. Schnuppi ist zu schnell <u>gesprungen</u> und ich bin vom Pferd <u>gefallen</u>. Ich habe mir die Schulter und den Rücken <u>verletzt</u> und ich bin ins Krankenhaus <u>gekommen</u>. Glücklicherweise ist es nicht zu schlimm. Das habe ich aber nicht lustig <u>gefunden</u>! ☹

5 Sieh dir die Bilder an. Lies den Text noch mal. Was ist die richtige Reihenfolge?

Beispiel: e, ...

6 Schreib den Text ab und vervollständige ihn.

Oğuz

Ich bin sehr **1** . Am Wochenende spiele ich **2** 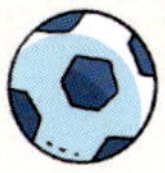 im Club und letzten **3** 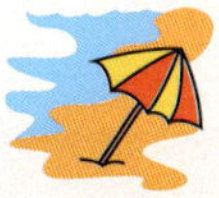  bin ich mit dem Club nach Dortmund gefahren. Ich habe gut gespielt, aber nach **4**  habe ich einen schweren Unfall gehabt. Ich habe mir den **5** 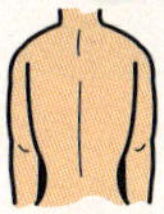 verletzt und das **6** gebrochen! Ich bin ins **7**  gekommen und ich habe einen Gipsverband getragen.

einen Gipsverband tragen = to wear a plaster cast

7 Übersetze den Text aus Aufgabe 6 ins Englische.

6 Ich hab's geschafft!

Extension Reading Skills

➤ Learning about achievements
➤ Tackling a longer reading text

1 Finde den richtigen Text für jedes Bild.

a Markus hat einen neuen Sport gefunden.
b Markus hat einen Unfall gehabt.
c Er hat eine Medaille bei den Paralympischen Spielen gewonnen.
d Man hat sein rechtes Bein amputiert.

Markus Rehm: ein Vorbild

2 Lies den Text. Was für eine Person ist Markus Rehm? Notiere drei Adjektive auf Deutsch.

Reading for gist
- Don't try to understand every word straight away.
- Look for clues in headings and pictures.
- Look for cognates, near-cognates and familiar words and phrases.

DER SPORTUNFALL

Als Teenager hatte Markus Rehm ein Lieblingshobby – Wakeboarden. Markus hat aber im Sommer 2003 einen Unfall gehabt – er war vierzehn Jahre alt. Er ist beim Wakeboarden ins Wasser gefallen und er hat sich sehr schwer das Bein verletzt.

IM KRANKENHAUS

Er ist ins Krankenhaus gekommen und man hat nach drei Tagen sein rechtes Bein amputiert. Er hat viele Wochen im Rollstuhl verbracht.

WIEDER AUF ZWEI BEINEN

Man hat für Markus eine Prothese (ein neues Bein) gemacht und er hat schnell gelernt, mit der Prothese zu gehen.

NOCHMAL SPORT

Im Sommer 2004 hat er wieder Wassersport gemacht. Er ist ein Jahr später Deutscher Vize-Jugendmeister im Wakeboarden geworden.

HARTES TRAINING BRINGT GOLD

Markus hat im Jahr 2008 für einen anderen Sport trainiert – den Weitsprung. Er hat 2012 bei den Paralympischen Spielen für Deutschland die Goldmedaille gewonnen.

verbringen (verbracht) = to spend time (spent)
er ist ... geworden = he became ...

18 *achtzehn*

KAPITEL 1

Finde die passenden Zahlen im Text.
Beispiel: **1** 2003

1 year Markus had his accident
2 his age at the time of the accident
3 year he took up water sports again
4 year he became a wakeboarding champion
5 year he started long jumping
6 year he won gold medal at Paralympic Games

Finde alle Wörter im Text, die auf Deutsch und Englisch ähnlich sind.
Find all the words in the text that are similar in German and English (cognates and near-cognates).

Beispiel: Teenager – teenager

Richtig oder falsch? Korrigiere die falschen Sätze.
Beispiel: **1** falsch – <u>Wakeboarden</u> war Markus' Lieblingshobby als Teenager.

1 Snowboarden war Markus' Lieblingshobby als Teenager.
2 Markus hat einen Unfall beim Wakeboarden gehabt.
3 Er hat sich den Arm verletzt.
4 Man hat sein linkes Bein amputiert.
5 Er hat wieder Wassersport gemacht.
6 Er war Deutscher Jugendmeister im Wakeboarden.
7 Er hat 2008 für den Hochsprung trainiert.
8 Bei den Paralympischen Spielen war er erfolgreich.

Übersetze einen Absatz ins Englische.

> ### Translating into English
> • Look at the whole sentence (or even the whole paragraph) to get an idea of what it all means before you write anything down.
> • Don't translate word for word. For example, *er ist ins Krankenhaus gekommen* – 'he is into the hospital come' makes no sense! You need to look at the whole phrase and find a corresponding English phrase that sounds natural ('he went to hospital').
> • Remember that word order is often different in German and English.
> • After a first draft, look at your translation and read it out to yourself. Does it sound English? Think about how you can improve it.

> ### Reading for detail
> • Break words down (e.g. *Wasser|sport, Weit|sprung*).
> • Use what you know about grammar to work out ...
>   – what sentences mean
>   – the tense
>   – what part of a sentence a particular word is (e.g. verb, subject, object, adjective).
> • Make logical guesses based on the context.

neunzehn **19**

Lernzieltest

I can…

1

• name parts of the body	der Arm, die Schulter, das Bein
■ understand some instructions	Steh auf! Heb die Hand!
■ use the present tense of some irregular verbs	Sie **läuft** schnell. Er **fährt** gern Skateboard.
■ use apostrophes correctly to show possession	Davids Arm; Markus' Arm

2

• talk about role models	Rihanna ist mein Vorbild. Sie ist sehr begabt und singt viele Lieder.
■ use *weil* with correct word order	Jamie Oliver ist mein Vorbild, **weil** er originell ist.
■ use the present tense of regular and irregular verbs	Er **spielt** gut Fußball. Sie **fährt** Rad.
■ use adjectives	Er ist **begabt**.
■ use qualifiers to add detail	Sie ist **sehr** lustig.
⚡ use some group talk phrases	– Das stimmt! – Was? Quatsch!

3

• talk about experiences	Was hast du in deinem Leben gemacht? Ich habe viele Preise gewonnen.
■ use the perfect tense with *haben* and *sein* (including irregular past participles)	Ich **habe** viele Reisen **gemacht**. Ich **bin** nach Afrika **gefahren**.

4

• talk about my future plans	In der Zukunft werde ich viel Geld verdienen.
■ use the future tense with *werden*	Ich **werde** viele Länder **sehen**. Sie **wird** im Ausland **leben**.
■ use time expressions with correct word order	Ich werde **in zehn Jahren** Ärztin werden. **Später** werde ich im Ausland **leben**.
⚡ write accurately and assess my spelling and grammar	

5

• talk about injuries	Was ist passiert? Ich habe mir das Bein verletzt.
■ use the perfect tense with *haben* and *sein* (including irregular past participles)	Ich **habe** einen Unfall **gehabt**. Ich **bin** vom Rad **gefallen**.
■ say that I've injured/broken something, using the definite article	Ich habe mir das Bein verletzt. Ich habe mir den Arm gebrochen.

6

• understand a person's achievements	Er hat eine Goldmedaille gewonnen.
⚡ understand a longer reading text	
⚡ recognise ways of translating phrases into good English	ist ins Krankenhaus gekommen = went to hospital (**not** 'is into the hospital come')

Wiederholung

1 Hör zu. Welcher Körperteil ist das? (1–6)
Beispiel: **1** c

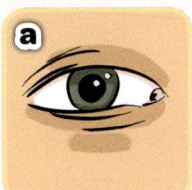 a 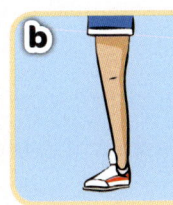 b 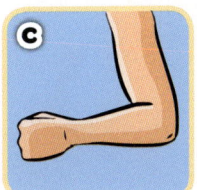 c 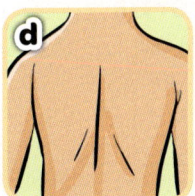 d 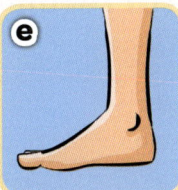 e 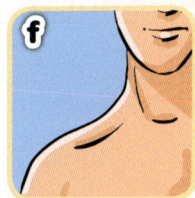 f

2 Lies den Text und die Sätze. Sind die Sätze richtig oder falsch?

Rihanna ist mein Vorbild. Rihanna ist sehr cool und sie singt so gut!

Ich liebe Rihanna, weil sie so realistisch ist – sie singt über realistische Situationen. Sie ist originell und hat Stil. Sie ist auch superschön!

Ich lese viele Magazine und Blogs über Rihanna und ich fahre nächsten Monat nach München, weil Rihanna dort singt. Ich habe alle ihre Musik und ich höre jeden Tag ihre Songs. Rihanna ist mein Lieblingsstar!

Laura

1 Laura mag Rihanna und ihre Musik sehr.
2 Rihanna ist Sportlerin.
3 Laura singt über realistische Situationen.
4 Laura findet den Star sehr schön.
5 Rihanna gibt ein Konzert in München.
6 Laura hört nicht oft Rihannas Musik.

3 Partnerarbeit. Was wirst du machen? Sieh dir die Bilder an und mach Dialoge.
Beispiel: **1**

- Ich werde Arzt werden. In zehn Jahren werde ich in Asien leben. Und du?
- Ich werde …

	1	2	3	4
Ich werde …				
In fünf Jahren … In zehn Jahren …				

4 Was ist die richtige Reihenfolge? Schreib die Sätze richtig auf.

1 Ich / einen / habe / im / Unfall / gehabt. / Park
2 bin / Skateboard / gefallen. / Ich / vom
3 Arm / gebrochen. / habe / Ich / mir / den
4 ins / Ich / Krankenhaus / bin / gekommen.
5 verletzt. / das / mir / Ich / Bein / habe

einundzwanzig **21**

Grammatik

Present tense of regular verbs
Most verbs are regular in the present tense.

infinitive	sing**en** (to sing)	arbeit**en** (to work)
ich	sing**e**	arbeit**e**
du	sing**st**	arbeit**est**
er/sie/es/man	sing**t**	arbeit**et**
wir	sing**en**	arbeit**en**
ihr	sing**t**	arbeit**et**
Sie	sing**en**	arbeit**en**
sie	sing**en**	arbeit**en**

> To form the present tense:
> - Remove the **–en** ending from the infinitive to get the stem (**sing–**, **arbeit–**).
> - Add the present tense ending to the stem (the endings are the same for all regular verbs).
> - If the stem ends in **t** or **d**, you need to add an extra **e** to make the ending easier to say (*sie arbeite**t***, *du finde**st***).

1 Complete the sentences with the present tense of the verb given in brackets.
  1 Ich (finden) Rihanna so toll.
  2 Dawn French (machen) lustige Sendungen.
  3 Meine Eltern (hassen) Sport.
  4 Wie (finden) du Daniel Craig?
  5 Wir (spielen) Fußball. (spielen) ihr mit?

Present tense of irregular verbs
Some verbs are irregular in the present tense.
The stem usually changes in the **du** and **er/sie/es/man** forms.
The verb **sein** (to be) is very irregular.

infinitive	fahr**en** (to drive)	sprech**en** (to speak)	sein (to be)
ich	fahr**e**	sprech**e**	bin
du	f**ä**hr**st**	spr**i**ch**st**	bist
er/sie/es/man	f**ä**hr**t**	spr**i**ch**t**	ist
wir	fahr**en**	sprech**en**	sind
ihr	fahr**t**	sprech**t**	seid
Sie	fahr**en**	sprech**en**	sind
sie	fahr**en**	sprech**en**	sind

Here are some other irregular verbs, with the stem changes in the **du** and **er/sie/es/man** forms:

haben (to have)	**essen** (to eat)
du **hast** – you have	du **isst** – you eat
er/sie/es **hat** – he/she/it has	er/sie/es **isst** – he/she/it eats
sehen (to see)	**laufen** (to run)
du **siehst** – you see	du **läufst** – you run
er/sie/es **sieht** – he/she/it sees	er/sie/es **läuft** – he/she/it runs

You can check irregular verbs in the *Verbtabellen* (pages 130–132).

2 Complete the sentences with the present tense of the irregular verb given in brackets.
  1 Maria Sharapova _____ mein Vorbild. (sein)
  2 Und du, _____ du ein Vorbild? (haben)
  3 Mein Vorbild Lewis Hamilton _____ sehr schnell. (fahren)
  4 _____ du gern Filme? (sehen)
  5 Ich _____ Pizza, aber du _____ Fisch. (essen)

KAPITEL 1

The perfect tense

The perfect tense is used to talk about things that happened in the past. It is made up of two parts – the **auxiliary** (usually **haben**) and the past participle (e.g. **ge**spiel**t**), which goes at the end of the sentence.

Regular past participles follow the pattern of *spielen*:

spielen (to play)	
ich **habe** gespielt	wir **haben** gespielt
du **hast** gespielt	ihr **habt** gespielt
er/sie/es/man **hat** gespielt	Sie **haben** gespielt
	sie **haben** gespielt

Here are some common **irregular** past participles:

essen ➔ **gegessen** (ate) beginnen ➔ **begonnen** (began) gewinnen ➔ **gewonnen** (won)
verdienen ➔ **verdient** (earned) verletzen ➔ **verletzt** (injured) trainieren ➔ **trainiert** (trained)

Some verbs use **sein** as the auxiliary. These verbs often involve movement from one place to another.

fahren (to go)	
ich **bin** gefahren	wir **sind** gefahren
du **bist** gefahren	ihr **seid** gefahren
er/sie/es/man **ist** gefahren	Sie **sind** gefahren
	sie **sind** gefahren

Some other verbs that use **sein**:

gehen ➔ **gegangen** (went)
fallen ➔ **gefallen** (fell)
kommen ➔ **gekommen** (came)

3 Rewrite the sentences in the perfect tense, using *haben* (1–4) and *sein* (5–8).

Example: **1** Er hat Fußball in der Schule gespielt.

1. Er spielt Fußball in der Schule.
2. Sie macht viele Fotos.
3. Wir essen jeden Tag viel Fisch.
4. Ich trainiere oft.
5. Du fährst nach Berlin.
6. Ich komme ins Krankenhaus.
7. Meine Freundin geht zum Park.
8. Er fällt vom Rad.

The future tense

The future tense in German is formed with part of **werden** and an infinitive, which goes at the end of the sentence:

ich	werde	
du	wirst	+ infinitive
er/sie/es/man	wird	… machen
wir	werden	… sehen
ihr	werdet	… arbeiten
Sie	werden	
sie	werden	

4 Put the words in the correct order. Write out the sentences, then translate them into English.

1. Sie in Afrika arbeiten wird
2. studieren Spanisch Wir werden
3. machen Sport Wirst du ?
4. Ich viel verdienen werde Geld

5 Rewrite the sentences in exercise 3 in the future tense with *werden*.

Example: **1** Er wird Fußball in der Schule spielen.

> If you're unsure of what any of the infinitives are, look back over the previous exercises. Remember, infinitives usually end in **–en**.

dreiundzwanzig **23**

Wörter

Der Körper • The body

der Kopf(¨e)	head
die Schulter(n)	shoulder
der Arm(e)	arm
die Hand(¨e)	hand
der Rücken(–)	back
der Bauch(¨e)	stomach
der Po(s)	bottom
das Bein(e)	leg
das Knie(–)	knee
der Fuß(¨e)	foot

Das Gesicht • The face

das Auge(n)	eye
das Ohr(en)	ear
die Nase(n)	nose
der Mund(¨er)	mouth
das Kinn(e)	chin

Charaktereigenschaften • Character traits

X ist mein Vorbild, weil er/sie ... ist.	X is my role model/idol because he/she is ...
begabt	talented
berühmt	famous
dynamisch	energetic
erfolgreich	successful
lustig	funny
originell	original
reich	rich
mein(e) Lieblingsschauspieler(in)	my favourite actor/actress
mein(e) Lieblingssänger(in)	my favourite singer
mein(e) Lieblingssportler(in)	my favourite athlete

Was macht er/sie? • What does he/she do?

Er/Sie läuft schnell.	He/She runs fast.
Er/Sie fährt schnell Rad.	He/She cycles fast.
Er/Sie singt viele Lieder.	He/She sings many songs.
Er/Sie liest die Nachrichten.	He/She reads the news.
Er/Sie ist oft im Fernsehen.	He/She is often on TV.
Er/Sie spielt gut Gitarre.	He/She plays guitar well.

Was hast du in deinem Leben gemacht? • What have you done in your life?

Ich habe ...	I have ...
viele Reisen gemacht	travelled a lot
mit Kindern gearbeitet	worked with children
viele Länder gesehen	seen a lot of countries
viele Preise gewonnen	won lots of prizes
viel Geld verdient	earned a lot of money
viel trainiert	trained a lot
Tennis/Gitarre gespielt	played tennis/guitar
in (Amerika) gewohnt	lived in (America)
Biologie studiert	studied biology
Ich bin nach Afrika gefahren.	I have travelled to Africa.
Ich habe ...	I have ...
Er/Sie hat ...	He/She has ...
gegessen	eaten
geschrieben	written
gehabt	had
gesungen	sung
getanzt	danced
Ich bin nach Amerika gesegelt.	I have sailed to America.
Ich bin in viele Tanzstudios gegangen.	I have been to lots of dance studios.

Zukunftspläne • Future plans

Ich werde ...	I will ...
viele Reisen machen	travel a lot
viele Länder sehen	see lots of countries
Arzt/Ärztin werden	become a doctor
im Ausland leben	live abroad
Theaterwissenschaft studieren	study drama
viel Geld verdienen	earn a lot of money
für eine Hilfsorganisation arbeiten	work for an aid organisation

Was ist passiert? • What happened?

Ich habe mir das Bein verletzt.	I injured my leg.
Ich habe mir den Arm gebrochen.	I broke my arm.
Ich habe einen Unfall gehabt.	I had an accident.
Ich bin vom Rad gefallen.	I fell off my bike.
Ich bin ins Krankenhaus gekommen.	I went to hospital.
im Schwimmbad	in the swimming pool

Oft benutzte Wörter • High-frequency words

Ich liebe ...	I love ...
Ich mag ...	I like ...
Ich mag ... nicht	I don't like ...
sehr	very
ziemlich	quite, fairly
so	so
zu	too
nicht	not
nie	never
später	later
dann	then
in zehn Jahren	in ten years
in der Zukunft	in the future

Strategie 1

How do you know if you really know a word?

Ask yourself:
- Do I know what it means when I see it?
- Can I pronounce it?
- Can I spell it correctly?
- Can I use it in a sentence?

1 Work with a partner. Test each other, like a mini Spelling Bee:

2 Now ask your partner to use the word in a sentence:

Turn to page 133 to remind yourself of the five *Strategien* you learned in *Stimmt! 2*.

Projektzone
Stars und die Medien

> ▶ Discussing celebrities in the media
> ▶ Creating a magazine page

 **1** Hör zu, lies mit und sieh dir die Fotos an.

Don't try to understand every word! To help you understand the gist:
- look for clues in the pictures
- look for cognates and familiar words
- break up longer words
- use your common sense – what could fit in the context?

EIN VORBILD FÜR JUNGE LEUTE

Helen Skelton ist am 19. Juli 1983 in Nordengland geboren. Sie hat auf einem Bauernhof gelebt. Sie hat Journalismus an der Uni studiert, und sie ist berühmt für ihre dynamische Rolle als Moderatorin in der Kindersendung *Blue Peter*.

*Helen hat viele tolle Abenteuer für **Blue Peter** gehabt.*

1 Im April 2009 hat sie einen Ultra-Marathon in der Namib gemacht, 126 Kilometer durch die Wüste in 23 Stunden und 45 Minuten.

2 Im Winter 2010 ist sie im Kajak den Amazonas hinuntergepaddelt, von Peru bis Brasilien, 3230 Kilometer.

3 2011 ist sie in London 150 Meter weit und 68 Meter hoch über ein Hochseil balanciert. Sie hat 250.000 Pfund für eine Wohltätigkeitsorganisation gesammelt.

4 Im Januar 2012 ist Helen mit dem Fahrrad zum Südpol gefahren. Das war ein neuer Weltrekord und sie hat viel Geld für Wohltätigkeitsorganisationen gesammelt.

5 Helen arbeitet immer noch im Fernsehen (zum Beispiel als Sport-Reporterin). Ihre Pläne für die Zukunft? Sie wird Kinder haben. Später wird sie Oma sein und wird sagen: „Ich bin stolz auf mein Leben."

eine Wohltätigkeitsorganisation = a charity
sammeln (gesammelt) = to collect (collected)
stolz = proud

KAPITEL 1

 **2** Finde die Paare.

Beispiel: **1** c

1. the year Helen was born
2. the year she completed the Namibia ultra marathon
3. the length of the ultra marathon (km)
4. the distance she kayaked down the Amazon (km)
5. the length of the high wire she crossed in London (m)
6. the amount she raised for charity (£)
7. the year she went to the South Pole

a 250,000
b 3230
c 1983
d 2009
e 2012
f 126
g 150

 **3** Lies den Text noch mal. Wähl die richtigen Wörter aus und vervollständige die Sätze.

1. Helen Skelton kommt aus **Südengland / Nordengland**.
2. Sie ist für ihre Rolle in **Blue Peter / Twilight** berühmt.
3. Sie ist sehr **launisch / dynamisch**.
4. Sie hat im Leben **viele / keine** tolle Aktivitäten gemacht.
5. Sie hat **viel / nicht viel** Geld gesammelt.
6. In der Zukunft wird sie **zum Südpol fahren / Kinder haben**.

 **4** Mach eine Magazinseite.

> Wähle einen Star (Sport, Musik, Film, Fernsehen, ...) aus und suche Infos, zum Beispiel:
> - Persönliche Informationen (Wann und wo ist er/sie geboren? Wie ist er/sie? Hat er/sie Kinder?)
> - Was hat er/sie gemacht? (Filme, Bücher, Musik, Medaillen, ...)
> - Interessante Informationen und Fotos!

> Look at the style of the magazine page opposite and think about other magazines you read.
> To improve the quality of your writing:
> - use different tenses (present, past and future)
> - join sentences together using connectives (e.g. **und**, **aber**)
> - give lots of detail.

Beispiel:

Brad Pitt ist ein Schauspieler aus Amerika. Er ist am ... in ... geboren.

Er ist sehr berühmt und er hat viele Filme gemacht.

Er hat ... Kinder.

Er hat sehr viel für Wohltätigkeitsorganisationen gemacht und viel Geld gesammelt.

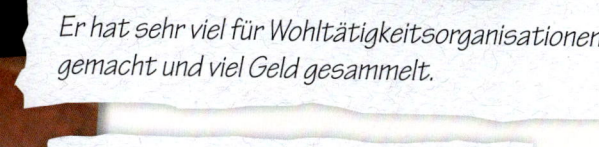

Mein Lieblingsfilm mit Brad Pitt ist ...

In zehn Jahren wird er ...

siebenundzwanzig **27**

Kapitel 2 Musik

1 Sieh dir die Fotos (a–e) und die Texte an. Wer ist das? (1–5)

Bekannte Musiker

a Wolfgang Amadeus Mozart

b Ludwig van Beethoven

c Leona Lewis

d Paul McCartney

e Nigel Kennedy

1 „Ich bin _____. Auf diesem Bild bin ich in Deutschland. Ich bin mit meiner Band auf Tour in Hamburg. Wir singen Lieder auch auf Deutsch!"

2 „Mein Name ist _____. Ich war in der Show „X Factor". Ich habe die Show gewonnen! Ich bin jetzt sehr bekannt."

3 „Ich heiße _____. Auf diesem Bild bin ich vierzehn Jahre alt. Ich spiele Klavier und Geige und ich komponiere auch."

4 „Ich bin _____. Ich spiele Geige. Ich liebe Klassische Musik und auch Jazzmusik. Hier trage ich mein Aston-Villa-Trikot!"

5 „Mein Name ist _____. Ich bin Komponist. Auf diesem Bild bin ich ungefähr fünfzig Jahre alt und ich komponiere."

das Trikot = shirt   **ungefähr** = about

28 achtundzwanzig

KAPITEL 2

2 Gruppenarbeit. Sieh dir die Fotos an. Welche Gesangsart ist das? Wie findest du sie?
Group work. Look at the photos. Which type of singing is it? What do you think of it?

Beispiel:
- *Foto d ist Rap. Wie findest du Rap?*
- *Ich denke, Rap ist toll.*
- *Was? Du spinnst! Was denkst du?*
- *Ich finde Rap doof!*

Rap   Jodeln

Operngesang   Chorgesang

Break down new words into syllables to help you pronounce them. For example: *O–pern–ge–sang*

Kulturzone
Jodeln ist Singen ohne Text und ohne Instrumente (*a capella*). Es gibt keine Wörter, nur Silbenfolgen, zum Beispiel „Hodaro" oder „Jodra-ehoo".

die Silbenfolgen = sequences of syllables

neunundzwanzig **29**

1 Wild auf Musik!

> ➤ Talking about types of music
> ➤ Using subject pronouns

1 Hör zu. Welche Musikart ist das? (1–6)
Beispiel: **1** d

1 Radio 21
2 Beatz FM
3 Stern FM
4 Radio Welle
5 Radio Kultur
6 Ypsilon (Y) FM

a R&B-Musik
b Jazzmusik
c Rap-Musik und Hip-Hop
d Popmusik
e Rockmusik
f Klassische Musik

2 Lies die Meinungen. Schreib die Tabelle ab und füll sie aus.
Wie heißt das auf Englisch?

🙂	🙁
Sie macht gute Laune. – It puts you in a good mood.	

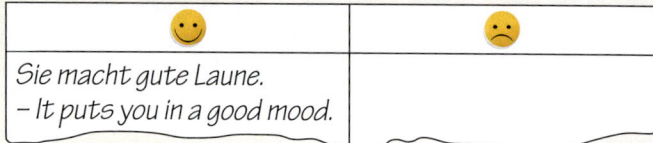

Sie macht gute Laune.   Sie ist melodisch.
Sie ist altmodisch.   Sie ist energiegeladen.
Sie ist toll.   Sie macht schlechte Laune.
Sie ist nervig.   Sie ist kitschig.

kitschig = corny

3 Hör zu. Was für Musik hören sie gern oder nicht gern? Warum? (1–4)
Schreib die Tabelle ab und füll sie aus.

	Musikart	🙂 oder 🙁 ?	Warum? (2 Details)
1	Jazzmusik	🙂	melodisch, …

4 Gruppenarbeit. Was für Musik hörst du gern? Besprich deine Meinungen.

● *Ich höre nicht gern Rockmusik, weil sie nervig ist!*
■ *Ja, das stimmt! Sie macht schlechte Laune.*
▲ *Was? Du spinnst! Ich denke, Rockmusik ist toll!*

Was für Musik hörst du gern?				
Ich höre gern	Popmusik, (usw.)	weil sie	toll / melodisch / energiegeladen	ist.
			gute Laune	macht.
Was für Musik hörst du nicht gern?				
Ich höre nicht gern	Rap-Musik, (usw.)	weil sie	altmodisch / kitschig / nervig	ist.
			schlechte Laune	macht.

30 *dreißig*

KAPITEL 2

 5 Hör zu und lies. Notiere drei Details auf Englisch über jede Person.

Beispiel: Lukas: Likes pop music, ...

Lukas

Lukas, was für Musik hörst du gern?
Ich höre sehr gern Popmusik.
Warum hörst du gern Popmusik?
Weil der Beat so toll ist – er ist dynamisch und energiegeladen. Popmusik macht gute Laune!
Wann hörst du Musik?
Ich höre jeden Tag Musik.
Was ist deine Lieblingsband?
Meine Lieblingsband ist „Moonray", weil sie lustig und originell ist.
Und wie findest du Rockmusik?
Ich höre nicht gern Rockmusik, weil sie zu nervig ist.

Nina

Nina, wie findest du Rap-Musik, zum Beispiel?
Rap-Musik höre ich sehr gern, weil sie gute Texte hat. Ich höre auch gern Jazzmusik.
Wer ist dein Lieblingssänger?
Mein Lieblingssänger ist Bob Marley, weil er kreativ und melodisch ist. Ich höre immer Bob, wenn ich deprimiert bin.
Und was ist dein Lieblingslied?
Mein Lieblingslied ist „Three little birds", weil es gute Laune macht. Es ist auch originell.

deprimiert = depressed

Mein Lieblingssänger Meine Lieblingssängerin Meine Lieblingsband Mein Lieblingslied	ist ...
Er ist ...	kreativ.
Sie ist ...	melodisch.
Es ist ...	originell.

Grammatik Page 44

Subject pronouns are the words for 'he', 'she' and 'it'.

er = he   *sie* = she

In German there are three words for 'it', depending on the gender of the noun it is replacing:

der Beat ist ... ➔ *er* ist ... (it is ...)
die Band ist ... ➔ *sie* ist ... (it is ...)
das Lied ist ... ➔ *es* ist ... (it is ...)

Find six phrases in exercise 5 that use ***er***, ***sie*** or ***es*** to mean 'it'.

 **6** Lies die Interviews noch mal. Wer sagt das, Lukas oder Nina?

Beispiel: **1** Lukas

1 I listen to music every day.
2 I find rock music annoying.
3 I like rap music because it has good lyrics.
4 My favourite singer is creative and tuneful.
5 My favourite band is fun and original.
6 My favourite song puts you in a good mood.

 **7** Gruppenarbeit. Du bist Lukas oder Nina. Mach das Buch zu. Deine Gruppe stellt Fragen auf Deutsch.

Beispiel:

● (Lukas,) was für Musik hörst du gern?
■ Ich höre sehr gern (Popmusik).
▲ Warum?
■ Weil ...

 8 Schreib deine Meinungen über Musik auf. Beantworte die Fragen in Aufgabe 5 für dich.

Beispiel:

Ich höre sehr gern R&B-Musik, weil sie ...

 Don't forget to use subject pronouns to mean 'it', e.g.
*Ich höre gern Popmusik, weil **sie** gute Laune macht.*

einunddreißig **31**

2 Musiker gesucht!

> ▸ Talking about playing or singing in a band
> ▸ Using **seit** (for/since)

 **1** Sieh dir die Wörter und die Bilder an. Schreib den richtigen Buchstaben auf.
Beispiel: **1** c

Instrumente
1 (das) Keyboard
2 (die) Gitarre
3 (das) Klavier
4 (die) Geige
5 (das) Saxofon
6 (das) Schlagzeug
7 (die) Trompete
8 (die) Klarinette
9 Ich spiele kein Instrument, aber ich singe!

 When you say which instrument you play, don't use the article ('the'), e.g. *Ich spiele Trompete.*

Musiker gesucht!
Singst du? Spielst du ...?

(a trumpet, b guitar, c keyboard, d violin, e clarinet, f piano, g drums, h saxophone, i singer)

 **2** Hör zu und überprüfe. (1–9)

 **3** Hör dir die Musiker an. Mach Notizen auf Englisch. (1–5)

	1	2
Name	Jan	
Instrument	drums	
How long for?	5 years	
How often?	every day	
Where?	at home	

Ich spiele	seit	drei Jahren sechs Monaten Juli	Keyboard. Geige. Gitarre.
Ich spiele Ich singe		jeden Tag. am Wochenende. einmal pro Woche. zweimal pro Woche. ab und zu.	
		zu Hause. in der Schule. in einer Band. in meinem Zimmer.	

Grammatik ▸ Page 44

seit ('for' or 'since') is used with the present tense to say how long something has been going on:

*Ich **spiele seit** vier Jahren Trompete.*
I have been playing the trumpet for four years.

*Ich **singe seit** November.*
I have been singing since November.

 1  2 Ja. 1 × Woche

 2  5 Mo. jeden Tag

 3  3 Ja. am Wochenende

 **4** Partnerarbeit. Sieh dir die Bilder an. Mach Dialoge.
Beispiel: **1**

● *Spielst du ein Instrument?*
■ *Ja, ich spiele (Saxofon).*
● *Seit wann spielst du (Saxofon)?*
● *Wie oft spielst du (Saxofon)?*
● *Wo spielst du (Saxofon)?*

5 Lies die Texte (1–2). Wer ist das?
Beispiel: **1** Kathrin

die Band-Kandidaten

1 **Kathrin**

Ich heiße Kathrin. Ich spiele seit fünf Jahren Keyboard. Ich spiele jeden Tag zu Hause. Ich habe keine Lieblingsmusik, aber ich mag Pop- und Rockmusik sehr. **Ich habe momentan keinen Lieblingssänger, aber meine Lieblingsband heißt „die Gurus".** Ich höre sie gern, weil sie energiegeladen und originell sind. **Ich schreibe auch meine eigenen Liedtexte.**

2 **Jens**

Ich heiße Jens. Ich spiele seit vier Jahren elektrische Gitarre und seit einem Jahr Bass. Ich spiele einmal pro Woche in der Schule und ich spiele ab und zu in meinem Zimmer. **Ich kann keine Noten lesen. Ich höre Musik und spiele mit.** Jimi Hendrix ist mein Vorbild, weil er so talentiert war.

Noten lesen = to read music

Who ...
1 likes pop and rock music a lot?
2 has been playing an instrument for four years?
3 plays his/her instrument at school?
4 plays his/her instrument every day?
5 writes his/her own lyrics?
6 cannot read music?

6 Lies die Texte noch mal. Übersetze die fett gedruckten Sätze ins Englische.
Read the texts again. Translate the bold sentences into English.

7 Du willst Mitglied in dieser Band werden. Schreib deine Bewerbungsemail. Benutze die Texte aus Aufgabe 5.
You want to become a member of this band. Write your email application. Use the texts in exercise 5.

Say who you are.	Ich heiße (Tom).
Say what instrument you play.	Ich spiele …
Say how long you have been playing for.	Ich spiele seit … Jahren.
Say when and where you play.	Ich spiele (am Wochenende) (in einer Band).
Say what sort of music you like and why.	Ich höre gern (Rockmusik), weil sie … ist.
Say who your favourite singer or band is and why.	Mein(e) Lieblingssänger(in) ist … / Meine Lieblingsband ist … , weil …

Musiker gesucht!
• Bist du talentiert?
• Spielst du ein Instrument?
• Singst du?

Wir suchen junge Musiker für eine neue Band. Bewerbung per E-Mail.

dreiunddreißig **33**

3 Bandwettbewerb!

> ▶ Discussing different bands
> ▶ Making comparisons

1 Gruppenarbeit. Sieh dir die Bandfotos an. Sag deine Meinung.

Stein

Honig

Hallo Welt!

Ich glaube, sie spielen	Rockmusik R&B-Musik Popmusik.
Ich finde sie	energiegeladen begabt originell monoton (zu) laut.
Ich denke, ihr Look ist	cool modern alternativ (alt)modisch.

! Look back at pages 30–31 to remind yourself of other adjectives you could use to describe the bands.

Kulturzone
Wer rockt Deutschland? **SchoolJam** ist seit 2002 ein deutscher Bandwettbewerb. Jedes Jahr spielen über 1000 Bands in dem Bandwettbewerb. Die Gewinner sind offiziell „die beste deutsche Schülerband".

2 Hör zu. Welche Band aus Aufgabe 1 ist das? Welche Musikart ist das? (1–3) Schreib die Tabelle ab und füll sie aus.

	Band	Musikart
1	Hallo Welt!	

3 Hör zu. Was denken die Preisrichter über die Bands? Mach Notizen auf Englisch. (1–3)
Listen. What do the judges think of the bands? Write notes in English.

	Appearance	Performance
1 Hallo Welt!	cool	energetic, …

34 vierunddreißig

KAPITEL 2

4 Hör zu und lies. Wer sagt das? Person a, b oder c?

a „Hallo Welt!" sind toll! Ich glaube, sie spielen sehr gut. Sie sind alle sehr gute Musiker. Der Gitarrist ist begabter als die anderen Gitarristen.

b Also ich denke „Stein" ist die beste Band. Ich finde sie dynamischer als „Hallo Welt!". Ihr Look ist auch kreativer.

c „Honig" ist die beste Band. Die Musik ist origineller als die der anderen Bands und ich finde sie energiegeladen. Die Sängerin ist auch melodischer als die anderen Sänger.

Ich frage jetzt das Publikum. Welche ist für Sie die beste Band?

1 I think "Stein" is the best band.
2 I think they play very well.
3 I think they are full of energy.
4 Their look is more creative.
5 The female singer is more tuneful than the other singers.
6 They are all very good musicians.

das Publikum = the audience

Grammatik → Page 45

To make comparisons, add **–er** to the adjective:

laut → laut**er**   loud → louder

Even when English adjectives use 'more' to form the comparative, just add **–er** in German:

dynamisch → dynamisch**er**   dynamic → more dynamic

Some one-syllable German adjectives add an umlaut:

groß → gr**ö**ß**er**   big → bigger
kurz → k**ü**rz**er**   short → shorter

And this one is irregular:

gut → **besser**   good → better

Use **als** for comparing two things:

R&B-Musik ist melodischer **als** Rockmusik. →
R&B music is more tuneful **than** rock music.

> Remember, to say 'they …' you need the plural form of the verb:
> sie spiel**en**   they play
> sie sind   they are

5 Partnerarbeit. Mach Komparativsätze.
Beispiel: **1** Das Saxofon ist lauter als das Keyboard.

1 das Saxofon – laut – das Keyboard
2 das Schlagzeug von „Stein" – groß – das Schlagzeug von „Honig"
3 der Gitarrist von „Honig" – cool – der Gitarrist von „Hallo Welt!"
4 das Lied von „Hallo Welt!" – kurz – das Lied von „Stein"
5 Popmusik – gut – Rockmusik

Aussprache

Use the key sounds from:

Lö**we** to help you pronounce gr**öß**er

Tü**r** for k**ü**rzer

6 Übersetze die Komparativsätze ins Deutsche. Benutze zur Hilfe die Texte aus Aufgabe 4.

1 The guitarist is louder than the other guitarists.
2 I think they are more tuneful than "Hallo Welt!"
3 Their look is more modern.
4 The music is more energetic.
5 The singer is more original than the other singers.
6 R&B music is more monotonous than pop music.

fünfunddreißig **35**

4 Auf einem Musikfestival

> Describing a music festival
> Using a variety of verbs in the perfect tense

1 Lies die Sätze und sieh dir die Bilder an. Was passt zusammen?
Beispiel: **1** c

1 Wir haben coole Bands gesehen.
2 Ich habe viel gesungen.
3 Wir haben viel getanzt.
4 Ich habe in einem Zelt geschlafen.
5 Ich habe neue Freunde gefunden.
6 Wir haben exotische Spezialitäten gegessen.
7 Ich habe Souvenirs gekauft.

Spaß auf dem Musikfest!

2 Lies die Sätze in Aufgabe 1 noch mal. Finde die Partizipien für die Infinitive.
Beispiel: **1** sehen – gesehen

1 sehen
2 singen
3 tanzen
4 schlafen
5 finden
6 essen
7 kaufen

Grammatik > Page 45

The perfect tense is made up of two parts – the **auxiliary** (usually part of **haben**) and the past participle, which goes at the end of the sentence:

Ich habe Souvenirs gekauft. = I bought souvenirs.
If you want to say 'I' use **ich habe** …
If you want to say 'we' use **wir haben** … :

Ich habe viel gesungen. = I sang a lot.
Wir haben coole Bands gesehen. = **We** saw cool bands.

3 Hör zu. Was haben sie auf dem Musikfestival gemacht? Mach Notizen auf Englisch. (1–4)
Beispiel: **1** I made new friends. We danced a lot.

und was noch? = anything else?

 Listen carefully and notice which pronoun is used: **ich** (I) or **wir** (we).

4 Partnerarbeit. Sieh dir die Bilder in Aufgabe 1 an. Mach einen Dialog.
Beispiel:
● Was hast du auf dem Musikfestival gemacht?
■ **Ich habe** coole Bands gesehen.
● Und was noch?
■ **Wir haben** …

36 sechsunddreißig

KAPITEL 2

5 Hör zu und lies. Wie heißt das auf Deutsch? (1–5)
Beispiel: **1** Ich mag viele Musikarten.

Martin Becker, Journalist bei Radio 21, ist auf dem Hurricane Festival. Wir machen ein Interview mit ihm.

Auf dem Hurricane Musikfestival

Martin, was für Musik hörst du gern?
Ich mag viele Musikarten. Ich höre gern Pop, Rap und Rock. Sie sind kreativer und melodischer als Elektro oder Techno.

Was ist deine Lieblingsband?
Meine Lieblingsband ist „die Gurus".

Warum?
Ich finde ihre Musik originell.

Und spielst du ein Instrument?
Ja, ich spiele seit zehn Jahren Saxofon.

Hast du in einer Band gespielt?
Ich habe in einer Band in der Schule gespielt.

Bist du auf viele Musikfestivals gegangen?
Sehr viele! Ich bin im Juni auf das Southside Festival gegangen. Ich bin auch letztes Jahr auf das Reading Festival in England gegangen.

Welche Bands hast du live gesehen?
Gestern habe ich „Honig" gesehen. Die Sängerin ist sehr begabt. Sie sind dynamischer als viele professionelle Bands!

1 I like lots of types of music.
2 They are more creative and tuneful than electro or techno.
3 I have been playing the saxophone for ten years.
4 In June I went to the Southside Festival.
5 The singer is very talented.

6 Lies das Interview noch mal. Beantworte die Fragen auf Englisch.
1 What type of music does Martin like listening to?
2 What is Martin's favourite band, and why?
3 Where did Martin use to play the saxophone?
4 When did Martin go to the Reading Festival?
5 What does Martin think of the band "Honig"? (2 details)

7 Beantworte die Fragen aus Aufgabe 5 für dich.
Beispiel:

1 Ich höre sehr gern R&B-Musik und Rap-Musik. Sie sind ...

> **gehen** (to go) forms the perfect tense with part of the verb **sein**.
> Ich **bin** auf das Reading Festival gegangen.
> I went to the Reading Festival.
> Remember this when you write about the festivals you have been to.

Kulturzone
Das Hurricane Festival und das Southside Festival finden jedes Jahr (im Juni) in Deutschland statt. Mehr als 120.000 Menschen besuchen die Festivals.

stattfinden = to take place

siebenunddreißig **37**

5 Speaking Skills
Wie war's auf dem Festival?

> ➤ Interviewing at a music festival
> ➤ Asking and answering questions spontaneously

1 Partnerarbeit. Wie spricht man das aus? Versuch es mal!
Pair work. How do you pronounce it? Try it!

1 Wie heißt du?
2 Wie waren sie?
3 Woher kommst du?
4 Seit wann bist du hier?
5 Was ist deine Lieblingsband?
6 Spielst du ein Instrument?
7 Was für Musik hörst du gern?
8 Welche Bands hast du gesehen?

Aussprache
Use your key sounds to help you:

w as in *Wildwassersport*

ei as in *Eis*

ie as in *Biene*

2 Sieh dir die Fragen in Aufgabe 1 noch mal an. Was passt zusammen?
Beispiel: **1** g

a Do you play an instrument?
b What were they like?
c How long have you been here?
d Where do you come from?
e What type of music do you like listening to?
f What is your favourite band?
g What is your name?
h Which bands have you seen?

3 Mach dein Buch zu. Hör zu. Schreib die Fragen auf Englisch auf. (1–8)
Beispiel: **1** How long have you been here?

4 Lies die Antworten. Sieh dir die Fragen in Aufgabe 1 an. Welche Frage passt zu jeder Antwort?
Beispiel: **a** Wie heißt du?

> Looking at the language in the answers will help you to work out the questions.
> *Ich heiße Max.* ➔ *Wie heißt du?*

Martin Becker, Journalist bei Radio 21, ist auf dem Hurricane Festival. Er macht ein Interview mit einem jungen Festivalfan.

ⓐ …
Ich heiße Max.
ⓑ …
Ich komme aus Hamburg.
ⓒ …
Ich bin seit Donnerstag hier.
ⓓ …
Ich habe die Bands „Justice" und „Mitternacht" gesehen.

ⓔ …
Sie waren fantastisch.
ⓕ …
Ich höre sehr gern Rap, Pop und Rockmusik. Ich finde sie dynamischer als R&B oder Jazz.
ⓖ …
Meine Lieblingsband ist „Red".
ⓗ …
Ja. Ich spiele Schlagzeug in einer Band.

5 Hör zu und überprüfe.

38 achtunddreißig

KAPITEL 2

6 Hör zu. Eva ist auf dem Hurricane Festival. Schreib die Tabelle ab und füll sie aus.

Name	Eva
kommt aus …	
hier seit …	
Bands gesehen (2)	„Mitternacht", _____
Meinung 🙂 / ☹	toll, _____
Musikarten (3) 🙂	Rap, _____, _____
Lieblingsband	
Instrument	
Meinung zum Festival (2)	cool, _____

Radio 21

> Knowing the question words really well helps you to tackle listening and reading tasks. Use the prompts in column 1 of the table to predict the questions you will hear in the interview. This will then prepare you for the answers that follow.

> ! Questions with 'Yes/No' answers always start with the verb. For example:
> – **Spielst du** ein Instrument?
>   (**Do you play** an instrument?)
> – Ja!

> To find out more information, you can ask **Folgefragen** (follow-up questions) such as:
> *Wie findest du …?*
> What do you think of …?
> *Warum?* Why?

7 Hör dir Aufgabe 6 noch mal an. Notiere die zwei Folgefragen.

8 Partnerarbeit. Du bist Reporter. Sieh dir die Notizen an. Mach ein Interview mit Selina oder Thomas. Partner(in) A stellt Fragen und Partner(in) B antwortet. Dann tauscht die Rollen.

Name	Selina	Thomas
kommt aus …	Kassel	Kiel
hier seit …	Donnerstag	Mittwoch
Bands gesehen	„Mitternacht"	„Justice", „Honig"
Meinung 🙂 / ☹	Laut!	Energiegeladen!
Musikarten 🙂	Pop, Rock, Dance	Pop, R&B, Rap
Lieblingsband	„Hop"	„Xtra"
Instrument	Gitarre	Keyboard, Klavier
Meinung zum Festival	Toll! Leute = freundlich	Cool! Bands = talentiert

neununddreißig **39**

6 SchoolJam!

Extension Reading Skills

➤ Understanding a range of written texts
➤ Coping with different types of texts

1 Lies das Poster. Richtig oder falsch?

Wer rockt Deutschland?
Original-Schülerbandwettbewerb

SCHOOLJAM

02 World, Hamburg   29. Mai – 1. Juni

Man sucht die beste Schülerband in Deutschland

1000 Schülerbands
SchoolJam – seit 2002

Kommen Sie nach Hamburg!
Sie können die besten jungen deutschen Musiker sehen!

1 The band competition takes place in Germany.
2 The competition takes place over two days.
3 It takes place in winter.
4 You can also see films there.
5 It's a competition for school bands.
6 The first "SchoolJam" competition was in 2002.

> When dealing with longer sentences with unfamiliar words, read the whole sentence first. In German the main verb is often at the end of the sentence:
>
> Sie können die besten jungen deutschen Musiker **sehen**!
> You can **see** the best young German musicians!

2 Lies den Chat über den Bandwettbewerb. Vervollständige die englischen Sätze.

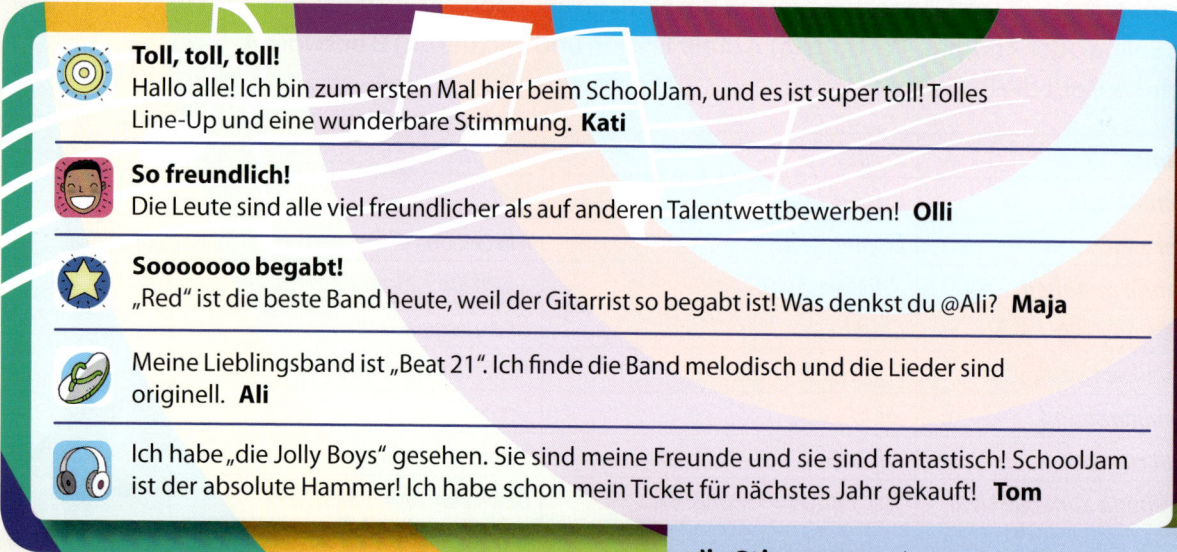

Toll, toll, toll!
Hallo alle! Ich bin zum ersten Mal hier beim SchoolJam, und es ist super toll! Tolles Line-Up und eine wunderbare Stimmung. **Kati**

So freundlich!
Die Leute sind alle viel freundlicher als auf anderen Talentwettbewerben! **Olli**

Soooooooo begabt!
„Red" ist die beste Band heute, weil der Gitarrist so begabt ist! Was denkst du @Ali? **Maja**

Meine Lieblingsband ist „Beat 21". Ich finde die Band melodisch und die Lieder sind originell. **Ali**

Ich habe „die Jolly Boys" gesehen. Sie sind meine Freunde und sie sind fantastisch! SchoolJam ist der absolute Hammer! Ich habe schon mein Ticket für nächstes Jahr gekauft! **Tom**

die Stimmung = the atmosphere
der absolute Hammer! = totally amazing! (slang)

1 Kati is at "SchoolJam" for the _____ time. She thinks the programme of events is _____ and the _____ is wonderful.
2 Olli finds that the people are much _____ than at other _____ competitions.
3 Maja thinks that "Red" is the _____ band today, because the _____ is so _____.
4 Ali says that "Beat 21" is his _____, because their _____ are original.
5 Tom has already _____ his ticket for _____.

40 vierzig

3 Lies den Text. Beantworte die Fragen auf Englisch.

> When tackling longer texts with unfamiliar vocabulary, read the questions first. Then look for the key information you need to answer the questions and ignore non-essential words.

Bandwettbewerb! „Honig" ist die beste Schülerband!

Sängerin Hannah und ihr Bruder Andreas (Gitarre) haben den Bandwettbewerb SchoolJam gewonnen. Ihre R&B-Band „Honig" ist dieses Jahr offiziell die beste Schülerband in Deutschland.

a Die Konkurrenz ist sehr groß. Es sind über 1000 Bands in diesem Bandwettbewerb.

b Im Finale spielen acht Bands. Es gibt R&B, Heavy Metal, Hip-Hop, Indie, Rock und Pop. Jede Band spielt zweimal.

c „Honig" sind Hannah Schneider (Sängerin), ihr Bruder Andreas (Gitarre und Bass), Leo Sanz (Gitarre) und Johann Steinbeck (Schlagzeug).

d Ihr Look ist cooler und moderner als der Look der anderen Bands. Im Finale tragen die Jungen dunkelblaue Jeans und weiße T-Shirts. Hannah trägt einen blauen Minirock und Stiefel.

e „Honig" hat fantastische Zukunftspläne. Sie spielen im Sommer auf dem Reading Festival in Südengland.

f Die Band steht unter Schock: „Es ist fantastisch!" sagt Sängerin Hannah.

die Konkurrenz = competition

1 What has the band "Honig" recently achieved?
2 What type of music do they play?
3 How many times does each band have to play in the final?
4 Who are the band members and what instruments do they play?
5 What do the male band members wear?
6 What plans do "Honig" have for the summer?

> Don't be put off by compound nouns (two or three words joined together to make a longer noun). Work out their meaning by breaking them down into their individual words:
>
> *Bandwettbewerb = Band / Wettbewerb* (band competition)
>
> Find four more compound nouns in exercise 3 and break them down to work out their meaning.

4 Lies den Text noch mal. Welcher Titel passt zu welchem Absatz?

Beispiel: **1** f

1 Die Reaktion auf den Gewinn
2 Die Kleidung
3 Die Musiker und ihre Instrumente
4 Das Finale
5 Die Sommerpläne von „Honig"
6 Ein großer Wettbewerb

5 Lies den Text noch mal. Wähl drei Absätze aus und übersetze sie ins Englische.

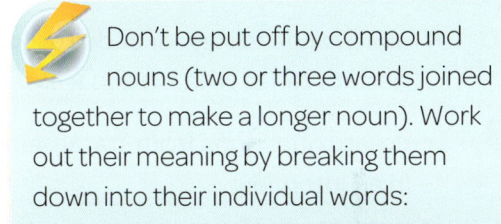

Translating
- You cannot often translate word for word.
- Work out the overall meaning of the sentence, then play with the order of the words until you have English that sounds natural.
- Why not work with a partner? The golden rule: read aloud what you have written. If it doesn't sound right to you, try out different possibilities.

Lernzieltest

I can…

1

• ask and answer questions about music preferences	Was für Musik hörst du gern? Ich höre gern R&B-Musik. Ich höre nicht gern Jazzmusik.
• give reasons why I like and dislike different types of music, songs and artists	Ich höre gern Rap-Musik, weil sie energiegeladen ist. Ich höre nicht gern Rockmusik, weil sie nervig ist.
▪ use subject pronouns	Ich höre gern Popmusik. **Sie** macht gute Laune. Mein Lieblingslied ist …, weil **es** originell ist.

2

• ask and answer questions about playing an instrument	Spielst du ein Instrument? Ja, ich spiele Keyboard.
• give details about when and where I play my instrument or sing	Ich spiele einmal pro Woche in der Schule.
▪ use *seit* to say how long I have been doing something for	Ich spiele **seit** zwei Jahren Schlagzeug.

3

• use a range of adjectives to describe a band	Ich finde sie begabt.
▪ use comparative adjectives	R&B-Musik ist **melodischer** als Rockmusik.
✎ use my knowledge of key sounds to pronounce new words	Löwe ➜ größer Tür ➜ kürzer

4

• describe a music festival in the past	Ich habe viel gesungen.
• use two tenses to talk about music and festivals	Ich spiele Saxofon. Letztes Jahr bin ich auf das Southside Festival gegangen.
▪ use a range of regular and irregular verbs in the perfect tense with *ich* and *wir*	**Ich habe** Souvenirs **gekauft**. **Wir haben** exotische Spezialitäten **gegessen**.

5

✎ create questions from statements and use them in an interview	Meine Lieblingsband ist „Red". ➜ Was ist deine Lieblingsband?
✎ use a range of question words confidently	Was …? Wie …? Woher …?
✎ ask a follow-up question to find out more information	Wie findest du …? Warum?
✎ speak spontaneously without having to refer to written notes	

6

✎ understand the gist and detail of texts about music festivals	
✎ use the questions in the task to help me find key information	
✎ break down compound nouns to work out meaning	Bandwettbewerb = Band + Wettbewerb
✎ use skills such as paraphrasing, reading aloud and trying different word combinations to translate German into English	

Wiederholung

KAPITEL 2

1 Hör zu. Schreib die Tabelle ab und füll sie auf Englisch aus. (1–4)

Adeles Band

1. Sam Dixon
2. Miles Robertson
3. Derrick Wright
4. Tim van der Kuil

Band member	Instrument	How long?	Where?	Other detail
1 Sam Dixon				

2 Partnerarbeit. Sieh dir das Foto an. Wähl eine Person aus. Mach Dialoge.

Beispiel:

- Spielst du ein Instrument?
- Ja, ich spiele (Keyboard / Schlagzeug).
- Seit wann spielst du …?
- Ich spiele (seit einem Jahr / seit vier Monaten).
- Wo spielst du …?
- Ich spiele (in der Schule / zu Hause).
- Wie oft spielst du …?
- Ich spiele (einmal pro Woche / am Wochenende).

SONNE UND MOND

Emma, Peter, Finn, Noah

3 Lies das Interview. Ist das Gegenwart oder Vergangenheit? Schreib die Tabelle ab und kreuz die richtigen Kästchen an.

Is it in the present or the past tense? Copy the table and put a cross in the correct box.

Emil, was für Musik hörst du gern?
Ich höre sehr gern Rap-Musik.

Hast du eine Lieblingsband oder einen Lieblingssänger?
Im Moment habe ich keinen Lieblingssänger, aber früher war Jimmy Reis mein Lieblingssänger.

Bist du musikalisch? Spielst du ein Instrument?
Letztes Jahr habe ich oft Klavier gespielt. Aber letzten Monat habe ich ein Keyboard gekauft. Ich spiele seit vier Wochen in einer Band Keyboard. Ich spiele ab und zu Gitarre.

Bist du schon auf ein Festival gegangen?
Ich bin letzten Sommer auf das Southside Festival gegangen. Es war toll!

	Gegenwart	Vergangenheit
Rap-Musik	X	
Lieblingssänger: Jimmy Reis		
Klavier spielen		
Keyboard in einer Band spielen		
Gitarre spielen		
Southside Festival		

früher = before, previously

4 Schreib einen Artikel oder ein Interview über Musik. Beantworte die Fragen in Aufgabe 3.

Beispiel:

Ich höre sehr gern … und … Meine Lieblingsband ist …, weil …

dreiundvierzig **43**

Grammatik

Subject pronouns

er = he   *sie* = she

Adele ist begabt. Adele ist auch kreativ. ➜ *Adele ist begabt.* **Sie** *ist auch kreativ.*

Adele is talented. Adele is also creative. ➜ Adele is talented. **She** is also creative.

In German there are three words for 'it', depending on the gender of the noun it is replacing:

er (masculine nouns)	
sie (feminine nouns)	it
es (neuter nouns)	

Der Hit ist toll. ➜ *Er ist toll.* (It is great.)

Die Popmusik ist toll. ➜ *Sie ist toll.* (It is great.)

Das Lied ist toll. ➜ *Es ist toll.* (It is great.)

1 Copy out each sentence. Underline the subject in each.
   Example: **1** <u>Die Frau</u> singt das Lied.

   1. Die Frau singt das Lied.
   2. Simon Cowell sucht den Superstar!
   3. Die Band gewinnt den Preis.
   4. Der Junge kauft die Gitarre.
   5. Das Lied ist sehr laut.
   6. Der Sänger singt den Rap.

2 Rewrite each sentence from exercise 1, replacing the subject of the sentence with a subject pronoun. Then translate each sentence into English.
   Example: **1** Sie singt das Lied. – She sings the song.

seit

Seit ('for' or 'since') is used with the present tense in German to say how long something has been going on for:

Ich **spiele seit** *drei Jahren Trompete.*   I **have been playing** the trumpet for three years.

3 Use the picture and word prompts to create sentences using *seit*.
   Example: **1** Ich spiele seit zwei Jahren Schlagzeug.

   1. Ich spiele   2 Jahren 
   2. Wir spielen   5 Monaten 
   3. Er hört   2 Stunden 
   4. Sie spielen   10 Jahren 
   5. Sie ist   6 Stunden

44 *vierundvierzig*

KAPITEL 2

Comparatives

To make comparisons, add *–er* to the adjective:

laut ➔ *lauter*   loud ➔ louder   *modern* ➔ *moderner*   modern ➔ more modern

Some one-syllable German words add an umlaut too:

groß ➔ *größer*   big ➔ bigger   *kurz* ➔ *kürzer*   short ➔ shorter

Some more examples are:

alt (old) ➔ *älter* (older)   *lang* (long) ➔ *länger* (longer)

stark (strong) ➔ *stärker* (stronger)   *warm* (warm) ➔ *wärmer* (warmer)

Use **als** for comparing two things or people:

*Adele ist melodischer **als** Eminem.*   Adele is more tuneful **than** Eminem.

4 Complete the sentences with the comparative form of the adjective given in brackets.

Example: **1** Das Schlagzeug ist größer als die Geige.

1 Das Schlagzeug ist _____ als die Geige. (groß)
2 Das Lied von „Stein" ist _____ als das Lied von „Honig". (lang)
3 Das Southside Festival ist _____ als das Hurricane Festival. (klein)
4 Der Sänger ist _____ als die Sängerin. (alt)
5 R&B-Musik ist _____ als Klassische Musik. (modern)
6 Das Konzert in Hamburg ist _____ als das Konzert in London. (kurz)

Perfect tense (regular and irregular verbs)

The perfect tense is made up of two parts – the **auxiliary** (part of **haben** or **sein**) and the past participle, which goes at the end of the sentence.

Regular participles start with **ge** and end with **–t**:

*Ich **habe** ... **ge**kauf**t**.*   I bought ...   *Wir **haben ge**tanz**t**.*   We danced.

Some verbs have irregular past participles. Most of these start with **ge** and end with **–en**:

*Ich **habe** ... **ge**seh**en**.*   I saw ...   *Wir **haben** ... **ge**gess**en**.*   We ate ...

Some irregular past participles also change the stem:

singen ➔ *Ich **habe ge**s**u**ng**en**.*   I sang.   *finden* ➔ *Wir **haben** neue Freunde **ge**f**u**nd**en**.*   We made new friends.

5 Write out the sentences in the perfect tense. Fill in the gaps with the correct auxiliary and past participle. Then translate each sentence into English.

Example: **1** Ich habe Souvenirs auf dem Festival gekauft. – I bought souvenirs at the festival.

1 Ich _____ Souvenirs auf dem Festival _____ . (kaufen)
2 Wir _____ letzten Samstag in der Disko _____ . (tanzen)
3 Lucy _____ coole Bands _____ . (sehen)
4 Ich _____ viele Freunde auf dem Festival _____ . (finden)
5 Oliver _____ in einem Zelt _____ . (schlafen)
6 Ich _____ ins Konzert _____ . (gehen)

> Some verbs, e.g. **fahren** and **gehen**, form the perfect tense with **sein**, instead of **haben**. This is usually when the verb involves movement:
>
> *Ich **bin** auf ein Festival **gegangen**.*
> I went to a festival.

Wörter

Musikarten • Types of music

Ich höre gern …	I like listening to …
Ich höre nicht gern …	I don't like listening to …
R&B-Musik	R&B music
Jazzmusik	jazz
Rap-Musik	rap
Hip-Hop	hip-hop
Popmusik	pop music
Rockmusik	rock music
Klassische Musik	classical music

Wie ist die Musik? • What is the music like?

Sie ist …	It is …
toll	great
lustig	fun
originell	original
melodisch	tuneful
energiegeladen	full of energy
dynamisch	dynamic
kreativ	creative
nervig	annoying
modisch	fashionable
altmodisch	outdated/old-fashioned
kitschig	corny
monoton	monotonous
Sie macht gute Laune.	It puts you in a good mood.
Sie macht schlechte Laune.	It puts you in a bad mood.

Wer ist dein(e) Lieblings…? • Who is your favourite …?

Mein Lieblingssänger ist …	My favourite (male) singer is …
Meine Lieblingssängerin ist …	My favourite (female) singer is …
Meine Lieblingsband ist …	My favourite band is …
Mein Lieblingslied ist …	My favourite song is …

Instrumente • Instruments

(das) Keyboard	keyboard
(das) Klavier	piano
(das) Saxofon	saxophone
(das) Schlagzeug	drums
(die) Gitarre	guitar
(die) Geige	violin
(die) Trompete	trumpet
(die) Klarinette	clarinet
Ich spiele kein Instrument.	I don't play an instrument.
Ich singe.	I sing.

Seit wann spielst du? • How long have you been playing?

Ich spiele …	I've been playing …
seit drei Jahren	for three years
seit sechs Monaten	for six months
seit Juli	since July

Wie oft spielst du? • How often do you play?

Ich spiele …	I play …
jeden Tag	every day
einmal pro Woche	once a week
zweimal pro Woche	twice a week
am Wochenende	at the weekend
ab und zu	now and then

Wo spielst du? • Where do you play?

Ich spiele …	I play …
zu Hause	at home
in der Schule	at school
in einer Band	in a band
in meinem Zimmer	in my room

Die Band-Kandidaten • The band hopefuls

Ich habe keine Lieblingsmusik.	I don't have a favourite type of music.
Ich habe momentan keinen Lieblingssänger.	I don't have a favourite singer at the moment.
Ich schreibe meine eigenen Liedtexte.	I write my own lyrics.
Ich kann keine Noten lesen.	I can't read music.
Ich höre Musik und spiele mit.	I listen to music and play along.
X ist mein Vorbild, weil …	X is my idol, because …

Wie findest du die Band? • What do you think of the band?

Ich finde sie …	I find them …
cool	cool
energiegeladen	full of energy
begabt	talented
originell	original
monoton	monotonous
(zu) laut	(too) loud
dynamisch	dynamic
modern	modern
alternativ	alternative
modisch	stylish
aggressiv	aggressive
Ihr Look ist …	Their look is …
Ihre Musik ist …	Their music is …
Der Gitarrist ist begabter als …	The guitarist is more talented than …
Die Sängerin ist melodischer als …	The (female) singer is more tuneful than …

Was hast du auf dem Festival gemacht? • What did you do at the festival?

Ich habe …	I …
Wir haben …	We …
viel getanzt (tanzen)	danced a lot (to dance)
Souvenirs gekauft (kaufen)	bought souvenirs (to buy)
coole Bands gesehen (sehen)	saw cool bands (to see)
in einem Zelt geschlafen (schlafen)	slept in a tent (to sleep)
neue Freunde gefunden (finden)	made new friends (to find, make)
viel gesungen (singen)	sang a lot (to sing)
exotische Spezialitäten gegessen (essen)	ate exotic specialities (to eat)
Ich bin …	I …
auf das Festival gegangen (gehen)	went to the festival (to go)

Oft benutzte Wörter • High-frequency words

noch mal	again
viel	a lot
viele	many
gestern	yesterday
Welcher/Welche/Welches?	Which?
Was für?	What type/sort of …?
Warum?	Why?

Projektzone 1
Wir schreiben Songs!

➤ Getting to know a well-known German band
➤ Creating song lyrics

1 Sieh dir die Fotos an. Richtig oder falsch?

Dän – Sänger und Percussion
Sari – Sänger und Percussion 
Eddi – Sänger und Percussion
Andrea – Sänger und Percussion 
Nils – Sänger 

DIE WISE GUYS

1 Es gibt fünf Musiker in der Band „die Wise Guys".
2 Es gibt eine Frau in der Band.
3 Nils spielt Gitarre in der Band.
4 Dän spielt Saxofon.
5 Alle Bandmitglieder singen.

Bandmitglieder = band members

2 Lies den Text und sieh dir die Sätze an (1–8). Wähl die richtigen Wörter aus.
Beispiel: **1** Germany

„Die Wise Guys" sind eine deutsche Band. Die Gruppe singt meistens *a capella* (ohne Instrumente) und ihr Musikstil ist „Vokal-Pop". Früher haben „die Wise Guys" auf der Straße gesungen. Sie haben auch auf Geburtstagspartys und Hochzeiten gesungen.

Jetzt sind sie sehr bekannt. Sie singen melodische Lieder mit lustigen Texten. Sie geben Konzerte (auch Open-Air-Konzerte) in Deutschland, Österreich, Luxemburg und in der Schweiz. Sie haben auch Konzerte in Amerika und England gegeben.

Früher haben sie englische Coverlieder gesungen, aber jetzt singen sie originelle, deutsche Lieder. Sie singen auch Rapsongs.

Hochzeiten = weddings

Kulturzone
Wenn ein Lied toll ist und man die Melodie nicht vergessen kann, sagt man: „Das Lied ist ein Ohrwurm!"

1 The band is from **America / Germany**.
2 They usually **sing without instruments / play instruments and sing**.
3 They used to perform **in talent shows / as buskers**.
4 They sing **sad / funny** songs.
5 They have performed in **fewer than five / more than five** countries.
6 They used to sing **their own / cover** songs.
7 Now they sing **English cover songs / original German songs**.
8 They also sing **rap / rock** songs.

48 *achtundvierzig*

KAPITEL 2

3 Hier ist ein Teil von einem „Wise Guys" Songtext. Lies den Text vor.

Songtext: Früher

Refrain

Früher,
früher war alles **besser**
Früher
früher war alles **besser**
Früher …

Strophe

Früher war alles **besser**.
Die Armen waren **reicher** und die Reichen etwas **ärmer**.
Die Kissen waren **weicher**, und die Sommer waren **wärmer**.
Die Tage waren **heller** und die Nächte **länger**,
die Röcke waren **kürzer** und die Tops **enger**.
Es gab nur drei Programme im TV,
die war'n zwar ganz genau so schlecht wie heute,
doch es waren nicht so viele.
Die Kugel Eis für nur dreißig Pfennig in der Eisdiele.
Früher …

Früher …

Aussprache

Rhyme and rhythm are important in song texts, so the sound of words in the previous or following line can help you pronounce unfamiliar words. E.g. use the pronunciaton of **reicher** to help you say **weicher**.

4 Lies die englische Version von dem Songtext. Lies den Songtext in Aufgabe 3 noch mal, dann vervollständige den englischen Text.

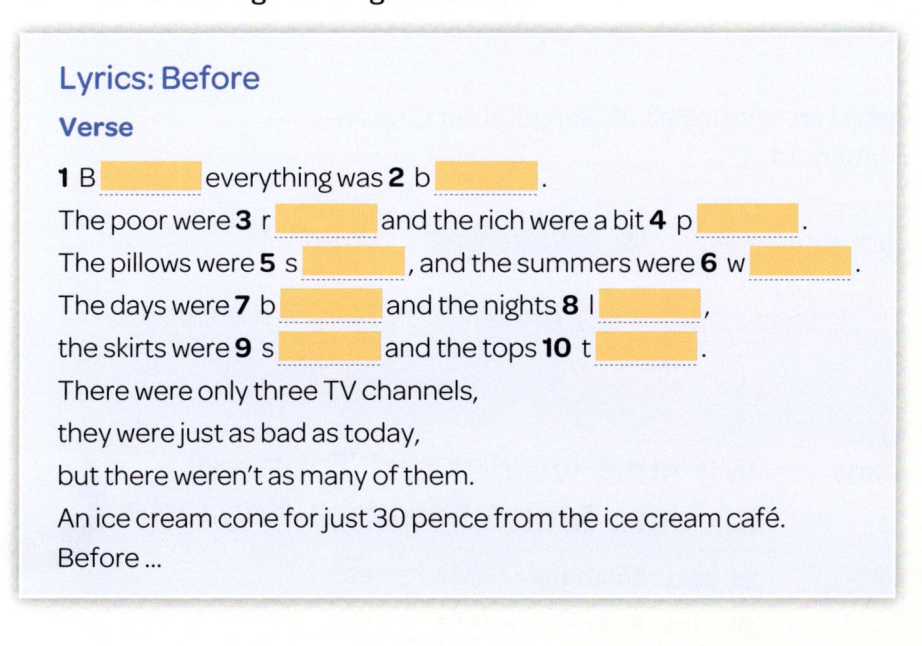

Lyrics: Before

Verse

1 B_____ everything was **2** b_____.
The poor were **3** r_____ and the rich were a bit **4** p_____.
The pillows were **5** s_____, and the summers were **6** w_____.
The days were **7** b_____ and the nights **8** l_____,
the skirts were **9** s_____ and the tops **10** t_____.
There were only three TV channels,
they were just as bad as today,
but there weren't as many of them.
An ice cream cone for just 30 pence from the ice cream café.
Before …

> Use the English words before and after the gaps to give you a clue to the meaning. Then check the German equivalent in the song text as it may be a cognate. If you are still unsure, use a dictionary to check.

5 Partnerarbeit. Ein Reimspiel. Sieh dir den Songtext in Aufgabe 3 noch mal an. Sag ein Wort aus dem Text. Dein Partner/deine Partnerin sagt ein Wort, das sich reimt.
Beispiel:

- *viele*
- *Eisdiele*

6 Gruppenarbeit. Jetzt bist du dran! Schreib noch zwei Zeilen für den Songtext „Früher".
Now it's your turn. Write another couple of lines for the lyrics to "Früher".

kleiner · lauter · größer · melodischer · origineller · moderner

neunundvierzig **49**

Projektzone 2
Eine neue Band

➤ Researching German-speaking bands
➤ Presenting and promoting a band

1 Lies die Kritik des Albums „Bis zum Mond". Richtig oder falsch? (1–6)

„Bis zum Mond" – Mond und Sterne

Die Band „Mond und Sterne" hat ein neues Album. Es heißt „Bis zum Mond". Das erste Album, „Der Himmel in deiner Hand" war sehr populär. Fünf Millionen Menschen haben das Album gekauft.

Das zweite Album ist besser als das erste, kreativer und intensiver. Drei Lieder waren schon Hits: „Bis zum Mond", „Deine Welt" und „Warum nicht?" Ich mag diese Band, weil sie gute Laune macht.

Stefanie Zoll, Journalistin, *AF Musik*

Mond und Sterne

Songliste
1. Bis zum Mond
2. Kaputt
3. Letztes Jahr
4. Deine Welt
5. Warum nicht?
6. Heiß und kalt
7. Das Schwarz ist weiß
8. Du bist meine Antwort

1. The band is called "Bis zum Mond".
2. The first album is called "Der Himmel in deiner Hand".
3. Five million people have bought the first album.
4. The journalist says the second album is more creative than the first.
5. Two songs from the album have already been hits.
6. The journalist likes the band because it's very intense.

2 Sieh dir die Songliste in Aufgabe 1 an. Wie heißen die Songtitel auf Englisch? Schreib den richtigen Buchstaben auf.
Beispiel: **1** c

a Why not?   b You are my answer   c To the moon   d Last year
e Hot and cold   f Your world   g Broken   h Black is white

3 Sieh dir die Tourtermine und die Landkarte an. Wo ist das? (1–10)
Beispiel: **1** Salzburg

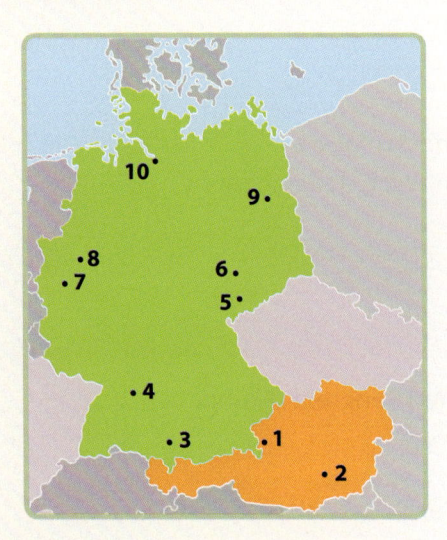

Wir sind wieder auf Tournee!
Bis zum Mond Sommer-Konzerte

26. Mai	**Salzburg**	– Salzburgarena
28. Mai	**Graz**	– Stadthalle
01. Juni	**Altusried, Bayern**	– Freilichtbühne
04. Juni	**Stuttgart**	– Freilichtbühne Killesberghöhe
08. Juni	**Zwickau, Sachsen**	– Freilichtbühne am Schwanenteich
09. Juni	**Leipzig**	– Conne Island
13. Juni	**Köln**	– Open-Air am Tanzbrunnen
18. Juni	**Bochum, Nordrhein-Westfalen**	– Zeltfestival Ruhr
20. Juni	**Berlin**	– Kindl-Bühne Wuhlheide
27. Juni	**Hamburg**	– O2 World

50 *fünfzig*

KAPITEL 2

4 Lies die Sätze. Was passt zusammen? Verbinde die Fragen (1–6) mit den passenden Textabschnitten (a–f).
Beispiel: **1** d

1. Was für eine Band ist das?
2. Wie viele Mitglieder hat die Band? Wie heißen sie?
3. Welches Instrument spielen sie?
4. Welche Hits hat die Band schon gehabt?
5. Wie viele Alben hat die Band produziert? Wie heißen sie?
6. Ist die Band schon auf Tour gegangen? Wo?

Mond und Sterne

Alex Meyer – Gitarre
Lena Schiller – Sängerin
Thomas Stern – Sänger
Felix Stern – Gitarre

a Alex und Felix spielen Gitarre, Thomas und Lena singen.

b Die Band hat zwei Alben produziert. Sie heißen „Der Himmel in deiner Hand" und „Bis zum Mond".

c Die Band ist schon viermal auf Tour in Deutschland und Österreich gegangen.

d „Mond und Sterne" ist eine Pop-Band aus Hamburg.

e Ihre erste Single, „Alle", hat eine Top-Ten-Platzierung in den deutschen Single Charts erreicht.

f Die Band hat vier Mitglieder. Sie heißen Thomas, Felix, Alex und Lena.

erreichen (erreicht) = to reach (reached)

5 Gruppenarbeit. Sieh dir die deutschen Bands an. Wähl eine Band aus und such Informationen. Schreib einen kurzen Text. Beantworte die Fragen aus Aufgabe 4.

Fettes Brot   TOKIO HOTEL   Silbermond

DIE FANTASTISCHEN VIER   Juli

6 Gruppenarbeit. Präsentiere deine Band. Benutze dein Material aus Aufgabe 5.
Group work. Present your band. Use your research from exercise 5.

! Imagine you are the band's new manager and want to promote them to your class. Make your presentation interesting and engaging by displaying photos, album covers, track lists and playing extracts of the band's music.

einundfünfzig **51**

Kapitel 3 Meine Ambitionen

1 Sieh dir die vier Bilder an. Welcher Titel passt?

1 ERNST LUDWIG KIRCHNER

a Waldstraße
b Klassenzimmer

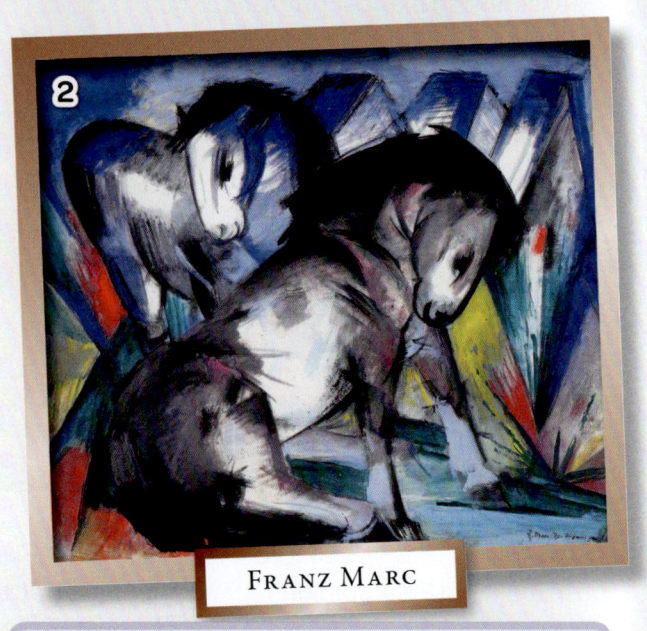

2 FRANZ MARC

a Hund und Katze im Haus
b Zwei Pferde auf der Weide

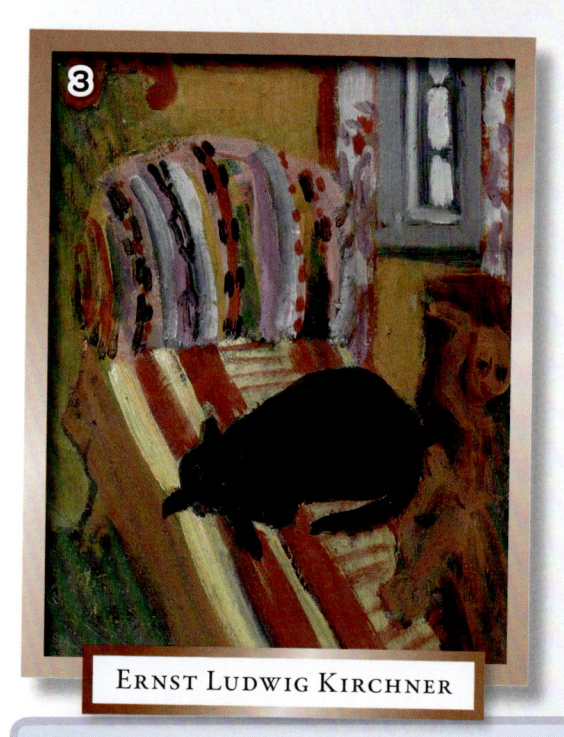

3 ERNST LUDWIG KIRCHNER

a Das Badezimmer
b Das Wohnzimmer

4 FRANZ MARC

a Elefant, Pferd, Rind, Winter
b Wilde Pferde

52 *zweiundfünfzig*

KAPITEL 3

2 Sieh dir die Bilder noch mal an. Lies die Sätze. Welches Bild ist das?

1 Es gibt zwei Pferde.
2 Das Tier ist ziemlich klein.
3 Es gibt Menschen.
4 Es ist in einem Haus.
5 Die Tiere haben viele Farben – rot, orange und grün.
6 Es gibt keine Tiere.

3 Sieh dir die Bilder an. Sind die Sätze richtig oder falsch?

1 CASPAR DAVID FRIEDRICH

a Die Person ist in den Bergen.
b Es regnet nicht.
c Die Person sitzt.

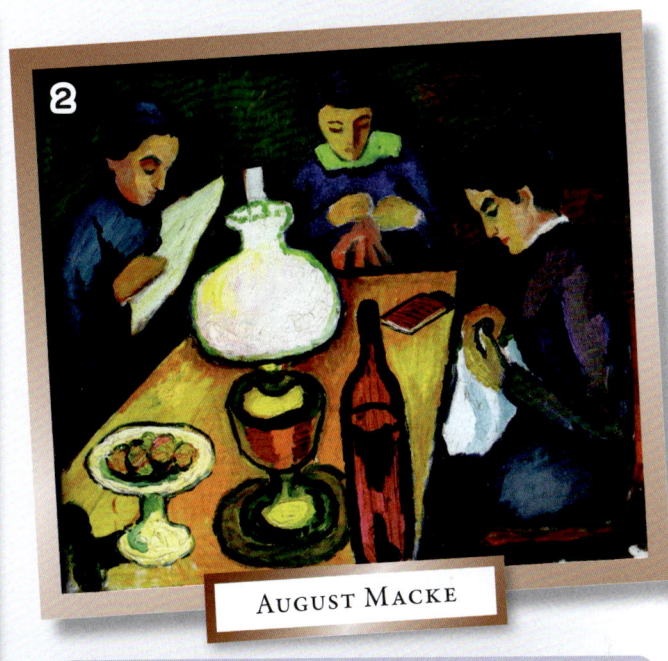

2 AUGUST MACKE

a Vier Frauen sitzen am Tisch.
b Eine Frau liest.
c Es gibt eine Flasche auf dem Tisch.

Kulturzone

Tomma Abts ist kreativ. Ihre Ambition als Kind: professionelle Künstlerin zu werden. 2006 hat sie den Turner-Preis gewonnen und jetzt arbeitet sie in London. Ihr Kunststil ist abstrakt und hat geometrische Formen. Suche ihre Bilder im Internet!

dreiundfünfzig **53**

1 Wahnsinn!

> Discussing crazy ambitions
> Using the conditional

1 Lies den Test.

WAS WÜRDEST DU MACHEN? MACH UNSEREN TEST!

Bist du **abenteuerlustig** oder **ängstlich**?
Bist du **mutig** oder **vorsichtig**? oder bist du **verrückt**?
Bist du **kühn** oder **feige**?

1 Ich würde …
- A ✗ nie
- B ? vielleicht
- C ✓ bestimmt

… mit Haifischen schwimmen.

2 Ich würde …
- A ✗ nie
- B ? vielleicht
- C ✓ bestimmt

… Extrembügeln machen.

3 Ich würde …
- A ✗ nie
- B ? vielleicht
- C ✓ bestimmt

… zum Mond fliegen.

4 Ich würde …
- A ✗ nie
- B ? vielleicht
- C ✓ bestimmt

… Kakerlaken essen.

5 Ich würde …
- A ✗ nie
- B ? vielleicht
- C ✓ bestimmt

… den Mount Everest besteigen.

6 Ich würde …
- A ✗ nie
- B ? vielleicht
- C ✓ bestimmt

… Zorbing machen.

nie = never   **vielleicht** = maybe   **bestimmt** = definitely

2 Hör zu. Notiere Svens Antworten: A (nie), B (vielleicht) oder C (bestimmt). (1–6)
Beispiel: **1** B

3 Partnerarbeit. Mach den Test mit einem Partner/einer Partnerin.
Beispiel:
- Eins. Anna, würdest du mit Haifischen schwimmen?
- Nein, ich würde nie mit Haifischen schwimmen! Ich bin nicht verrückt!
- Das ist Antwort A. Ach, Anna, du bist so feige!

Grammatik
> Page 68

The conditional is used to say what you **would** or **would not** do. It is used with an infinitive verb at the end of the sentence.

ich würd**e**	+ infinitive
du würd**est**	… machen
er/sie/es/man würd**e**	… essen

Ich **würde** Insekten **essen**.   I **would eat** insects.
Er **würde** zum Mond **fliegen**.   He **would fly** to the moon.
Sie **würde** nicht Zorbing **machen**.   She **would not do** zorbing.

Give your opinion.
Du bist sehr mutig!   Du bist ängstlich!   Du bist so feige!

KAPITEL 3

4 Hör zu und lies den Text. Beantworte die Fragen auf Deutsch.

> Ich **würde** ... machen.
> I **would** do ...
>
> Ich **würde gern** ... machen.
> I **would like** to do ...

EXTREMSPORT
WAS WÜRDEST DU MACHEN?

KATHARINA

Ich bin sehr abenteuerlustig und ich würde gern den Mount Everest besteigen, weil Bergsteigen mein Hobby ist.

Ich würde viel trainieren, weil der Mount Everest so hoch ist. Zum Beispiel würde ich in den Alpen wandern und ich würde einen schweren Rucksack tragen. Ich würde auch viel Wasser trinken und gesund essen. Aber ich würde nie Insekten essen, weil ich viel zu feige bin!

1 Wie ist Katharina?
2 Was würde Katharina gern machen?
3 Was ist Katharinas Hobby?
4 Wie würde Katharina trainieren? (2 Details)
5 Was würde sie trinken?
6 Was würde Katharina nie machen?

> To help you work out unknown words:
> - look at the context to see what might fit
> - think about whether they are similar to other words you know
> - look for cognates
> - as a last resort, look them up in a dictionary.

5 Übersetze Katharinas Text ins Englische.

6 Gruppenarbeit. Mach eine Umfrage. Stell die Fragen aus der Tabelle an drei Personen.
Carry out a survey. Ask three people the questions in the table.

Beispiel:
- Ruby, würdest du Brennnesseln essen?
- Oh, ja, ich würde bestimmt Brennnesseln essen. Mmmm, lecker!
- Würdest du ...

	✘ nie	? vielleicht	✔ bestimmt
1 Würdest du Brennnesseln essen?			Ruby
2 Würdest du mit Krokodilen schwimmen?			
3 Würdest du zum Mars fliegen?			

7 Schreib die Resultate der Umfrage auf.
Beispiel:

> Ruby würde bestimmt Brennnesseln essen – das ist ziemlich abenteuerlustig. Sie würde ...

> Try to include opinions in your summary of the survey.

fünfundfünfzig **55**

2 Mein Job

> ➤ Talking about part-time jobs
> ➤ Using **man** with modal verbs (**darf, kann, muss**)

1 Hör zu. Wer sagt das? (1–7)
Beispiel: **1** c

Hast du einen Job? Was für einen Job hast du?

a Ich arbeite als Bademeister.
b Ich arbeite als Trainerin. 
c Ich arbeite als Babysitterin. 
d Ich arbeite als Hundeausführer. 
e Ich arbeite als Zeitungsausträger. 
f Ich arbeite in einem Café. 
g Ich habe keinen Job, aber ich will in einem Supermarkt arbeiten. 

> In German you add **–in** to the end of most job words if the person is female. You don't say the word for 'a':
> *Sie arbeitet als Trainerin.*
> She works as a coach.

ich will = I want to

2 Hör zu. Ist das ein Junge (J) oder ein Mädchen (M)? Schreib auch den Beruf auf Englisch auf. (1–6)
Beispiel: **1** J – babysitter

3 Hör zu. Was für einen Job haben sie? Wie finden sie den Job? Schreib die Tabelle ab und füll sie auf Englisch aus. (1–6)

	Job	Opinion
1	works in a café	OK
2		

Wie findest du den Job?	
Ich finde den Job	toll / furchtbar.
	interessant / langweilig.
	okay / nicht schlecht.
Ich mag den Job, weil	er interessant ist.
	er Spaß macht.
	ich viel Geld verdiene.
Ich mag den Job nicht, weil	er langweilig ist.
	er keinen Spaß macht.
	ich nicht viel Geld verdiene.

4 Partnerarbeit. Mach Dialoge.
● Was für einen Job hast du?
■ Ich arbeite (als Zeitungsausträger[in]).
● Wie findest du den Job?
■ Ich mag den Job (nicht).
● Warum?
■ Weil ich (nicht) (viel Geld verdiene).

> ⚡ Practise speaking spontaneously by repeating the speaking task with your book closed.

KAPITEL 3

5 Lies die Texte. Wie heißt das auf Deutsch?

Sebastian

Ich arbeite seit sechs Monaten als Hundeausführer. Ich mag den Job, weil er interessant ist. Man kann mit den Hunden laufen, mit einem Ball spielen … und fit bleiben! Was ich nicht mag: Man muss den Hundedreck aufsammeln. Igitt!

Antje

Ich arbeite seit einer Woche in einem Café. Ich finde den Job langweilig. Man muss abwaschen, sauber machen, Salate vorbereiten, aber man darf nicht essen. Ich mag den Job nicht, weil er keinen Spaß macht. Ich will in einem Supermarkt arbeiten.

1 for six months
2 to run
3 to keep fit
4 to pick up dog dirt
5 for one week
6 to wash up
7 to clean
8 to prepare salads

When looking for words in a text, think about what kind of words they are (verbs, nouns, adjectives).

Look for words that seem familiar – near-cognates (e.g. *Salat*) and words you've met in different contexts (e.g. *seit*).

Grammatik
> Page 68

The pronoun **man** is used to refer to people in general ('you').

	modal verb	infinitive at end of sentence	
man	muss	abwaschen	you have to wash up
	kann	laufen	you can run
	darf	spielen	you are allowed to play
	darf nicht	essen	you're not allowed to eat

6 Lies die Texte noch mal. Schreib die Tabelle ab und füll sie auf Englisch aus.

Name	Job	Main duties	Overall opinion
Sebastian	dog walker		

7 Beschreib deinen Job. Benutze die Texte aus Aufgabe 5 zur Hilfe.

Beispiel:

- Ich arbeite als …
- Ich arbeite seit …
- Ich mag den Job (nicht), weil …
- Man muss (jeden Tag) …
- Man kann …
- Man darf …, aber man darf nicht …

Use **seit** (for, since) with the **present** tense.

Ich arbeite seit sechs Monaten als …
I've been working for six months as a …

siebenundfünfzig **57**

3 Ich möchte …

> ➤ Discussing what you would like to be or do
> ➤ Using correct word order

1 Lies die Sätze und sieh dir die Bilder an. Was passt zusammen?

Was möchtest du machen?

1 Ich möchte bei BMW arbeiten.

2 Ich möchte heiraten und Kinder haben.

3 Ich möchte um die Welt reisen.

4 Ich möchte Schauspieler(in) oder Sänger(in) werden.

5 Ich möchte auf die Uni gehen und Mathe studieren.

6 Ich möchte im Ausland leben.

2 Hör zu und überprüfe. (1–6)

3 Partnerarbeit. Mach ein Mimenspiel.
Beispiel:
- Was möchtest du machen?
- Ich möchte … [du mimst]
- Du möchtest um die Welt reisen?
- Ja, richtig! / Nein, das ist es nicht.

Grammatik
To say what you **would like** to do, use *möchte*, etc.

ich möchte	+ infinitive
du möchtest	… arbeiten
er/sie/es/man möchte	… studieren

Aussprache
Use your key sounds to help with pronunciation:

m**ö**chte as in L**ö**we

Ausland as in H**au**s

4 Hör zu. Vervollständige die Sätze. (1–4)
Beispiel: **1** Amir: Ich möchte <u>bei BMW arbeiten</u>, weil …

1 Amir: Ich möchte _____, weil _____.
2 Claudia: Ich möchte _____, weil _____.
3 Paul: Ich _____.
4 Eva: Ich _____. Vielleicht _____.

KAPITEL 3

5 Lies den Chat und sieh dir die Bilder an. Welche Bilder sind das?
Beispiel: Anja – d, e

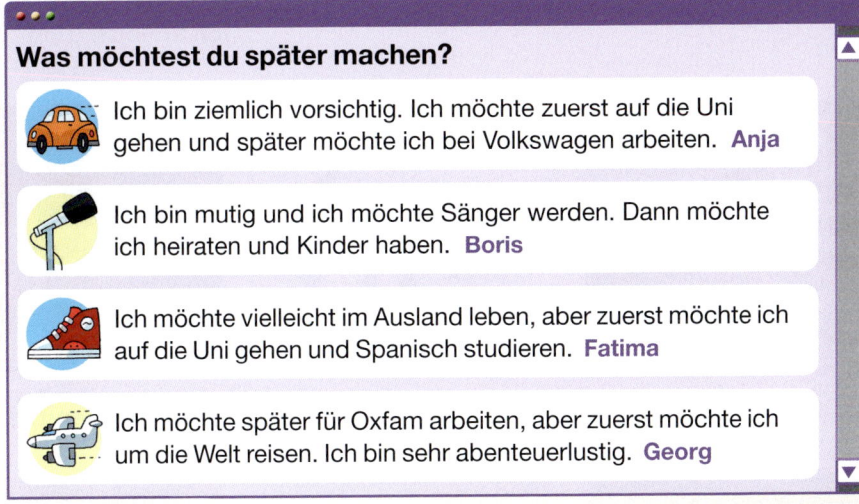

Was möchtest du später machen?

Ich bin ziemlich vorsichtig. Ich möchte zuerst auf die Uni gehen und später möchte ich bei Volkswagen arbeiten. **Anja**

Ich bin mutig und ich möchte Sänger werden. Dann möchte ich heiraten und Kinder haben. **Boris**

Ich möchte vielleicht im Ausland leben, aber zuerst möchte ich auf die Uni gehen und Spanisch studieren. **Fatima**

Ich möchte später für Oxfam arbeiten, aber zuerst möchte ich um die Welt reisen. Ich bin sehr abenteuerlustig. **Georg**

Grammatik
> Page 69

After words like *zuerst* (first of all), *dann* (then) and *später* (later), the verb goes second.

① ②　　　　　　　**① ② ③**
Ich **möchte** im Ausland leben. ➜ Später **möchte** ich im Ausland leben.
I'd like to live abroad.　　　　Later I'd like to live abroad.

6 Hör dir Laura und Markus an und lies die Sätze. Richtig oder falsch?
Beispiel: 1 richtig

Laura
1 Laura ist freundlich.
2 Sie möchte nicht Lehrerin werden.
3 Sie möchte Psychologie studieren.
4 Sie möchte in Australien arbeiten.
5 Sie möchte nie heiraten.

Markus
6 Markus möchte in einem Büro arbeiten.
7 Er ist sehr kreativ.
8 Er studiert seit zwei Jahren Theaterwissenschaft.
9 Später möchte er durch Amerika reisen.
10 Er möchte heiraten.

7 Schreib die Sätze anders. Beginn mit dem unterstrichenen Wort.
Beispiel: 1 Später möchte ich in Amerika leben.

1 Ich möchte später in Amerika leben.
2 Ich möchte dann eine Schauspielerin heiraten.
3 Ich möchte zuerst auf die Uni gehen.
4 Ich möchte später Tennisprofi werden.
5 Ich möchte zuerst Fremdsprachen studieren.

8 Was möchtest du machen? Schreib Sätze. Benutze die Texte aus Aufgabe 5 zur Hilfe.
Beispiel:

> Ich bin sehr abenteuerlustig. Ich möchte zuerst auf die Uni gehen und dann möchte ich … Später …

Use sequencers and time phrases to structure your writing:
zuerst (first of all)
dann (then)
später (later)

neunundfünfzig **59**

4 Im Skiort

> ➤ Talking about working in a ski resort
> ➤ Using **in** and **auf** with the dative

1 Hör zu und sieh dir die Bilder an. Wo arbeiten sie? (1–8)
Beispiel: **1** e

ich arbeite ... = I work ...

a das Café / das Restaurant
b das Hotel 
c die Skischule 
d das Souvenirgeschäft 
e die Kinderkrippe 
f der Berg 
g die Piste 
h der Wellnessbereich 

2 Hör zu. Wo arbeiten sie? Schreib das auf. (1–6)
Beispiel: **1 im** Wellnessbereich

3 Wähl die richtigen Wörter aus und vervollständige die Sätze.

1 Ich arbeite **im / in der** Café.
2 Arbeitest du **in der / im** Kinderkrippe?
3 Deniz arbeitet **auf der / auf dem** Berg.
4 Eliza arbeitet **in der / im** Hotel.
5 Ich arbeite **auf der / auf dem** Piste.

4 Partnerarbeit. Mach Dialoge.
Beispiel:
● Wo arbeitest du? In der Skischule oder im Wellnessbereich?
■ Ich arbeite ...

Grammatik ➤ Page 69

The prepositions **in** (in) and **auf** (on) are followed by the dative case when they tell us where something is.

Ich arbeite	in	dem	Wellnessbereich (m.)
		der	Skischule (f.)
		dem	Hotel (n.)
Ich arbeite	auf	dem	Berg (m.)
		der	Piste (f.)

Remember, you usually shorten **in dem** to **im**.
Ich arbeite **im** Wellnessbereich.   I work **in the** spa.

Aussprache

Skischule is tricky to pronounce. The key sound from *Schlange* will help you.

Ski is pronounced *Schi*, so *Skischule* has the **sch** sound twice.

60 sechzig

KAPITEL 3

5 Lies die Texte. Wo arbeiten Katja und Darius? Wie finden sie das? Mach Notizen.

Katja und Darius arbeiten in Wengen, einem Skiort in der Schweiz.

Katja Ich arbeite im Moment im Souvenirgeschäft hier in Wengen. Ich arbeite gern im Dorf, aber manchmal ist das total langweilig. **Ich möchte später auf die Uni gehen und dann Sozialarbeiterin werden**, aber ich würde nie in der Stadt arbeiten. Ich möchte später hier im Dorf leben und arbeiten.

Darius **Ich arbeite im Moment als Küchenhilfe hier im Hotel.** Ich bin ziemlich abenteuerlustig und **ich möchte später ein Restaurant in Thailand eröffnen**, aber ich muss zuerst studieren und auch Geld verdienen. Ich verdiene ziemlich viel Geld, aber man muss lange Stunden arbeiten. **Ich würde nie auf dem Berg leben**, weil es zu kalt ist.

im Moment = at the moment
das Dorf = village
die Sozialarbeiterin = social worker
eröffnen = to open

6 Lies die Texte noch mal. Wer ist das?
Beispiel: **1** Darius

Wer ...
1 möchte ein Restaurant eröffnen?
2 muss lange Stunden arbeiten?
3 findet die Arbeit langweilig?
4 möchte später auf die Uni gehen?
5 möchte im Ausland arbeiten?
6 würde nie auf dem Berg leben?

7 Partnerarbeit. Sieh dir die Tabelle an. Wähl a, b, c oder d aus. Partner(in) A spricht. Dann tauscht die Rollen.
Beispiel: **a**

- Ich arbeite im Moment im Café. Ich möchte später Fußballprofi werden. Ich würde nie im Supermarkt abeiten. Und du?
- Ich arbeite im Moment ...

	im Moment	später	nie
a			
b			
c			
d			

8 Schreib deine Antworten (Aufgabe 7) auf.

im | Souvenirgeschäft / Restaurant / Wellnessbereich

in der | Skischule
im | Kinderkrippe
auf dem | Berg

Sänger(in) werden
Schauspieler(in) werden
Lehrer(in) werden

einundsechzig **61**

5 Listening Skills
Eine Nachricht

▶ Understanding and responding to telephone messages
▶ Transcribing and decoding language

1 Hör zu. Sieh dir das Formular an. Was ist richtig – a oder b? (1–5)
Beispiel: **1** b Schmidt

An der Rezeption

1	Name	a	Schmett	b	Schmidt
2	Zimmer	a	ein Doppelzimmer	b	ein Einzelzimmer 
3	Wie lange?	a	eine Woche	b	zwei Wochen
4	Wann?	a	4.–11. Dezember	b	14.–21. Dezember
5	Telefonnummer	a	030 52 64 80 17	b	030 25 46 80 17

2 Hör zu. Schreib die Telefonnummern auf. (1–6)

3 Partnerarbeit. Lies die Telefonnummern laut vor. Dein Partner/deine Partnerin überprüft.
Beispiel:

Null, zwo, null; dreißig, elf, vierundvierzig, einundsiebzig.

Das stimmt!

1 020 30 11 44 71   3 073 40 92 12 67   5 09221 68 52 33
2 0834 23 65 82   4 091 72 14 26 08   6 08992 73 20 03

> German speakers often say the area code in individual digits: 0134 ➔ *null, eins, drei, vier* and then say the local number in pairs: 39 86 54 ➔ *neununddreißig, sechsundachtzig, vierundfünfzig*
>
> They often say **zwo** instead of *zwei* to avoid confusion with *drei*.

4 Hör zu. Schreib das Formular ab und füll es aus.

HOTEL EISENACH Reservierungen

Name	Elena ___
Zimmer	
Ankunft	5. April
Abfahrt	
Andere Details / Fragen	Was kostet das Zimmer?
Telefonnummer	

Aussprache
Pronounce clearly. Remember the key sounds:

z as in

ei as in

and *ie* as in

> Use the context, the prompts and the examples to anticipate the sort of information you will hear. Even when a prompt looks unfamiliar, you can often decode its meaning. E.g. **Ankunft** has the answer **5. April**, so what do you think it means? And what could **Abfahrt** mean?

62 *zweiundsechzig*

5 Lies die SMS. Ist das Gegenwart oder Zukunft? Mach eine Zusammenfassung auf Englisch.

Read the SMS messages. Do they refer to the present or the future? Summarise them in English.

1
Der Geburtstagskuchen für Frau Donau ist jetzt fertig. Er ist sehr groß! Ich bin an der Rezeption im Hotel. Kann jemand helfen?

Bäckerei Blum

2
Frau Donau wird morgen ihren Geburtstag im Hotel feiern. Ich werde mit dem Auto fahren. Gibt es einen Parkplatz?

Moritz Becker

feiern = to celebrate

> To decode the meaning and tense of longer phrases:
> - Listen or look out for time phrases.
>   Present: *im Moment* (at the moment), *jetzt* (now)
>   Future: *nächsten Monat* (next month), *morgen* (tomorrow)
> - Listen or look out for the verbs.
>   If *werde* or *wird* is used with an infinitive verb, you know that the sentence is about the future:
>   *Ich werde … organisieren.*
>   (I will organise …).

6 Hör dir die Nachrichten an. Ist das Gegenwart oder Zukunft? (1–5)
Beispiel: **1** Gegenwart

7 Hör dir die Nachrichten noch mal an. Mach Notizen auf Deutsch. (1–5)

1 Lisa Braun 2 Herr Bach 3 Frau Hoffmann 4 Frau Schnelling 5 Monika

> When you note down the main details from a spoken message, select the key words that convey the message meaning. These often appear at the end of the phrase:

Hier spricht Lisa Braun vom Touristeninformationsbüro. Ich habe eine Frage: Haben Sie im Moment noch Zimmer frei?

→ Lisa Braun
Touristeninformationsbüro
Zimmer frei?

Kulturzone
A recent report estimates that the UK economy loses £17 billion a year as a result of a lack of foreign language speakers. Many lost business opportunities occur during the first phone call. Being able to understand and respond to calls in German could therefore be useful in any company, wherever it is.

dreiundsechzig **63**

6 Ich möchte Künstler werden
Extension Reading Skills

▶ Understanding and responding to a range of texts
▶ Exploring an artist and painting in detail

1 Hör zu und lies. Wie heißt das auf Deutsch?

Leonie Finkel

Ich möchte später Künstlerin werden. Als Sommerjob arbeite ich in einer kleinen Kunstgalerie. Ich mag den Job, weil ich viel über Kunst und Künstler lerne. Ich habe jetzt viele neue Ideen.

Im Moment bin ich Schülerin, aber in zwei Jahren möchte ich auf die Uni gehen. Ich möchte Kunst studieren. Später möchte ich Künstlerin werden, weil ich sehr kreativ bin. Ich interessiere mich nicht für das Geld.

Tiere sind meine Passion. Franz Marc ist mein Lieblingskünstler – ich liebe seine Bilder. Er hat oft Tiere, besonders Pferde, gemalt. Ich male immer Pferde, weil sie meine Lieblingstiere sind.

In der Galerie haben wir ein Bild von Franz Marc, „Der blaue Fuchs". Ich habe eine Interpretation zu diesem Bild geschrieben. Ich habe auch eine Biografie von Franz Marc für ein Schulprojekt geschrieben.

1 artist (female)   2 art gallery   3 art   4 artists   5 favourite artist   6 horses

2 Lies den Text noch mal. Richtig oder falsch?

1 Leonie's ambition is to be a doctor.
2 She likes her summer job.
3 Money is not important to her.
4 She loves animals.
5 She cannot paint horses.
6 She has written about Franz Marc for a school project.

3 Lies Leonies Interpretation zum Bild „Der blaue Fuchs". Was passt zusammen?

Beispiel: **1** b

1 Es gibt kein Wetter und wenig Natur im Hintergrund.
2 Es gibt einen blauen Fuchs in der Mitte.
3 Der Fuchs ist wach. Er schläft nicht.
4 Die Farben sind intensiv, gelb und blau.
5 Im Vordergrund rechts ist ein Baum und eine Pflanze.
6 Der Stil ist expressionistisch.

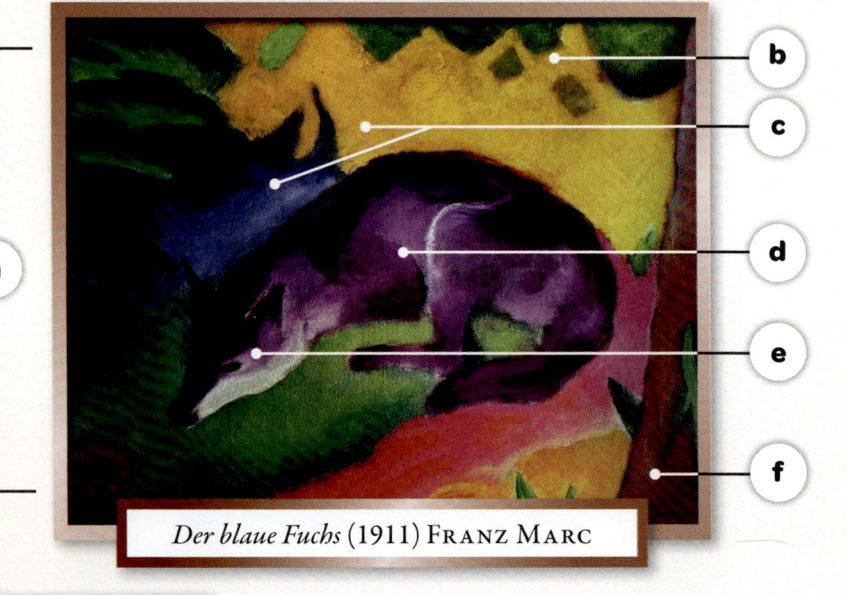

Der blaue Fuchs (1911) FRANZ MARC

im Hintergrund = in the background
im Vordergrund = in the foreground

KAPITEL 3

4 Lies Leonies Biografie von Franz Marc. Wie heißt das auf Deutsch?

FRANZ MARC: EINE BIOGRAFIE

Der deutsche Künstler Franz Marc ist **1880** in München geboren. Er ist **1899** auf die Universität gegangen.
1903 ist Franz Marc nach Paris gefahren.
1904 hat Franz Marc besonders Tierbilder gemalt. Sein Kunst war stilisiert und einfach.
1910 waren seine Bilder zum ersten Mal in der Galerie Brakl in München.
1911 hatte Marc neue Ideen über die Symbolkraft von Farben.
1914 war Marc Soldat im Ersten Weltkrieg.
1916 ist Marc als Soldat in Verdun gefallen. Er hatte sein Skizzenbuch dabei.

1 the German artist
2 animal pictures
3 simple
4 symbolic power
5 colours
6 soldier
7 in the First World War
8 his sketch book

> Use these strategies when tackling more challenging texts with unfamiliar language.
>
> - Look for familiar words (or parts of words): *Symbolkraft* ➜ must be to do with symbols or symbolism.
> - Remember that German words are often two words joined together: *Tierbilder* ➜ *Tier + Bilder*.
> - Think about the context and use logic. What makes sense?

5 Lies die Biografie noch mal. Dann lies die englischen Sätze unten (a–h). Schreib die Zeitlinie ab und vervollständige sie. Schreib den richtigen Buchstaben auf.
Read the biography again. Then read the English sentences below (a–h). Copy the timeline and complete it. Write the correct letters.

1880	1899	1903	1904	1910	1911	1914	1916
e							

a Marc painted animal pictures. His art was stylised and simple.

b His pictures were in the Brakl Gallery in Munich for the first time.

c Marc was a soldier in the First World War.

d Marc went to Paris.

e The German artist Franz Marc was born in Munich.

f Marc died at Verdun. He had his sketch book with him.

g Marc had new ideas about the symbolic power of colours.

h He went to university.

Kulturzone
In 2007 an art collector paid 20 million dollars at Sotheby's auction house in New York for Franz Marc's painting *Der Wasserfall* (*Frauen unter einem Wasserfall*). This was a record sum!

fünfundsechzig **65**

Lernzieltest

I can…

1
• discuss crazy things that I would/would not do	Ich würde nie mit Haifischen schwimmen!
• use adjectives to describe personality	Bist du abenteuerlustig oder ängstlich?
• use the qualifiers *nie*, *vielleicht* and *bestimmt*	Ich würde vielleicht Zorbing machen.
■ use the conditional to say what I and others would do	Ich **würde** Kakerlaken **essen**. Er **würde** den Mount Everest **besteigen**.
✎ use context and near-cognates to work out unknown words	

2
• say what part-time job I do and where I work	Ich arbeite als Zeitungsausträger.
• give my opinion of my job	Ich finde den Job langweilig.
■ use *weil* to give a variety of reasons	Ich mag den Job, **weil** er Spaß macht. Ich mag den Job nicht, **weil** ich nicht viel Geld verdiene.
■ use *man* with modal verbs to talk in general about a job	**Man muss** abwaschen.
■ use *seit* to say how long I've been doing a job	Ich arbeite **seit** einer Woche in einem Café.

3
• say what I would like to be or do in the future	Ich möchte Schauspieler(in) werden.
■ use correct word order in longer sentences with sequencers	Ich möchte zuerst heiraten und später möchte ich Kinder haben.
✎ use my knowledge of key sounds to help with pronunciation	m**ö**chte **Aus**land

4
• say what job I do in a ski resort	Wo arbeitest du? Ich arbeite in der Skischule.
• use a range of language to describe future ambitions	Ich möchte später auf die Uni gehen und Sozialarbeiterin werden, aber ich würde nie in der Stadt arbeiten.
■ use the prepositions *in* and *auf* with the dative	Ich arbeite **in der** Kinderkrippe.

5
✎ understand and note numbers accurately	Null, zwo, null; dreißig, elf, vierundvierzig, einundsiebzig ➜ 020 30 11 44 71
✎ use context and question prompts to predict the information I might hear	
✎ use my knowledge of verb structures to identify key tenses I hear	Ich werde nächsten Monat eine Geburtstagsparty im Hotel organisieren. ➜ Zukunft
✎ select key words that convey meaning	Haben Sie im Moment noch Zimmer frei? ➜ Zimmer frei?

6
✎ understand the gist and detail of different styles of text about an artist and his/her work	

66 *sechsundsechzig*

Wiederholung

KAPITEL 3

1 Hör zu. Schreib die Tabelle ab und füll sie auf Deutsch aus. (1–3)

	Sommerjob	Meinung	Ambitionen (2)
1	Hundeausführerin	macht Spaß	d, …

Ambitionen
- a nach Afrika reisen
- b Kinder haben
- c im Ausland leben
- d als Hundetrainerin arbeiten
- e Fußballprofi werden
- f bei Oxfam arbeiten

2 Partnerarbeit. Sieh dir die Bilder an. Stell und beantworte die Fragen.

- Was für einen Job hast du?
- Ich arbeite in … / als …

- Was möchtest du später machen?
- Ich möchte später …

- Wie findest du den Job?
- Ich finde den Job …, weil …

- Was würdest du nie machen?
- Ich würde nie …

3 Lies die Postkarte. Wähl die richtige Antwort aus.
Beispiel: **1** Österreich

Hallo! Wie geht's? Ich arbeite seit zwei Wochen hier im Hotel in St. Wolfgang, Österreich. Dieser Sommerjob ist mein Traumjob! Ich finde den Job toll, weil ich viele neue Freunde habe. Ich verdiene auch viel Geld. Ich muss jeden Tag viel Deutsch sprechen und mein Deutsch ist jetzt viel besser.

Hast du auch einen Sommerjob? Wo? Was machst du? Und wie findest du den Job?

Später möchte ich auf die Uni gehen. Ich möchte Deutsch und Englisch studieren. Dann möchte ich im Ausland leben und arbeiten, vielleicht in Österreich oder in der Schweiz.

Was möchtest du später machen?

Schreib bald wieder.

Theresa

der Traumjob = dream job

St. Wolfgang, Österreich

1 Theresa ist in **Österreich** / **der Schweiz**.
2 Sie arbeitet seit **zwei Wochen** / **zwei Jahren** im Hotel.
3 Es ist **Winter** / **Sommer**.
4 Sie findet den Job **langweilig** / **toll**.
5 Sie muss jeden Tag viel **Englisch** / **Deutsch** sprechen.
6 Theresa möchte später **auf die Uni** / **nicht auf die Uni** gehen.
7 Sie möchte in **Österreich** / **Deutschland** leben.

4 Du hast auch einen Sommerjob. Schreib eine Postkarte an Theresa. Beantworte ihre Fragen.

> Look back at Units 1–4 to help you with vocabulary and ideas.

siebenundsechzig **67**

Grammatik

The conditional

The conditional is used to talk about things you **would** do. It is used with an infinitive verb at the end of the sentence:

Ich **würde** Kakerlaken **essen**.   I **would eat** cockroaches.

ich würd**e**	(+ infinitive)	I would …
du würd**est**	… wohnen	you would … (familiar singular)
er/sie/es/man würd**e**	… machen	he/she/it/one would …

To say what you **would not** do, add **nicht** (not) or **nie** (never):

Ich **würde nie** Kakerlaken essen.   I **would never** eat cockroaches.

1 What would or wouldn't you do? Create German sentences.

Example: **1** Ich würde Zorbing machen.

1 ✓ Zorbing
2 ✓ Extrembügeln
3 ✗ Kakerlaken
4 ✗ mit Haifischen
5 ✓ zum Mond
6 ✗ den Mount Everest

essen   machen   schwimmen
besteigen   machen   fliegen

Modal verbs: *dürfen, können, müssen*

Modal verbs are used with the infinitive of another verb, which goes at the end of the sentence.

They are often used with the pronoun **man** to refer to people in general ('you'):

<u>Man</u> **kann** jeden Tag **spielen**.   <u>You</u> **can play** every day.

Modal verbs are irregular, but the **ich** ('I') and **er/sie/es/man** ('he/she/it/one') forms are the same:

dürfen (to be allowed to)	**können** (to be able to, 'can')	**müssen** (to have to, 'must')
ich **darf**	ich **kann**	ich **muss**
du **darfst**	du **kannst**	du **musst**
er/sie/es/man **darf**	er/sie/es/man **kann**	er/sie/es/man **muss**

2 Copy and complete the sentences with the correct form of the verb in brackets.

Example: **1** Ich mag meinen Job. Ich <u>darf</u> mit den Hunden spielen.

1 Ich mag meinen Job. Ich _____ mit den Hunden spielen. (dürfen)
2 Er mag seinen Job nicht. Er _____ immer abwaschen. (müssen)
3 Man _____ lange Stunden arbeiten. (müssen)
4 Meine Schwester arbeitet als Bademeisterin. Sie _____ sehr gut schwimmen. (können)
5 Ich arbeite in einem Café, aber ich _____ nicht in der Küche essen. (dürfen)
6 _____ du Deutsch sprechen? (können)

Word order – verb in second position

In German, the verb is **always** the second idea in a sentence:

1st idea (subject)	2nd idea (verb)	other details	
Ich	**spiele**	Fußball.	(I play football.)

Sentences often begin with a sequencer (e.g. 'first of all', 'later') or a time expression (e.g. 'at the weekend'). The verb still has to be second, so it swaps with the subject:

1st idea	2nd idea (verb)	subject	other details	
Am Wochenende	**spiele**	ich	Fußball.	(At the weekend I play football.)

3 Copy the sentences. Underline the first idea and circle the second idea (the verb) in each sentence.

Example: 1 <u>Mein Freund Martin</u> (spielt) gern Tennis.

1 Mein Freund Martin spielt gern Tennis.
2 Ich arbeite im Moment als Zeitungsausträger.
3 Jeden Tag arbeitet Miryam im Restaurant.
4 Heute ist er auf dem Berg.

When you have two verbs in a sentence, e.g. a modal verb + infinitive or the conditional tense, the main verb is the second idea and the infinitive verb goes at the end of the sentence:

1st idea	2nd idea (main verb)	subject	other details	infinitive	
Später	**möchte**	ich	bei BMW	**arbeiten**.	(Later I would like to work for BMW.)

4 Rewrite these sentences in the correct order. Start each one with the time phrase.

Example: 1 Später möchte ich in Deutschland leben.

1 Deutschland ich leben <u>Später</u> möchte in
2 möchte <u>Zuerst</u> er reisen die Welt um
3 Kinder haben möchte sie <u>Dann</u>
4 ich werden <u>In fünf Jahren</u> Schauspieler möchte

Prepositions *in* and *auf* with the dative

The prepositions **in** (in) and **auf** (on) are followed by the dative when they tell us where something is.

masc.		dem	Wellnessbereich
fem.	in	der	Skischule
neut.		dem	Hotel

masc.		dem	Berg
fem.	auf	der	Piste
neut.		dem	Schiff

Remember, **in dem** is usually shortened to **im**:

Ich arbeite **im** Wellnessbereich. I work **in the** spa.

5 Write out each sentence, filling in the gaps with **in** or **auf** and the correct word for 'the'. Then translate the sentences into English.

1 Im Moment arbeite ich ___ ___ Kinderkrippe.
2 Er ist ___ Wellnessbereich.
3 Wo bist du? Ich bin ___ ___ Berg.
4 Sie möchte später ___ Souvenirgeschäft arbeiten.
5 Ich arbeite seit einem Jahr ___ ___ Piste.

Wörter

Wie bist du? • What are you like?

abenteuerlustig	adventurous
kühn	daring
mutig	brave
ängstlich	fearful
feige	cowardly
verrückt	mad/crazy
vorsichtig	cautious

Würdest du … ? • Would you … ?

Ich würde …	I would …
nie	never
vielleicht	maybe
bestimmt	definitely
mit Haifischen schwimmen	swim with sharks
Extrembügeln machen	do extreme ironing
zum Mond fliegen	fly to the moon
Kakerlaken essen	eat cockroaches
den Mount Everest besteigen	climb Mount Everest
Zorbing machen	do zorbing
Brennnesseln essen	eat stinging nettles
mit Krokodilen schwimmen	swim with crocodiles
zum Mars fliegen	fly to Mars

Was für einen Job hast du? • What type of job have you got?

Ich arbeite …	I work …
als Bademeister(in)	as a lifeguard
als Trainer(in)	as a coach
als Babysitter(in)	as a babysitter
als Hundeausführer(in)	as a dog walker
als Zeitungsausträger(in)	as a newspaper boy (girl)
in einem Café	in a café
in einem Restaurant	in a restaurant
in einem Supermarkt	in a supermarket

Hast du einen Job? • Do you have a job?

Seit wann arbeitest du?	How long have you been working?
Ich arbeite …	I've been working …
seit einer Woche	for a week
seit sechs Monaten	for six months
Ich finde den Job …	I find the job …
toll	great
interessant	interesting
okay	OK
nicht schlecht	not bad
langweilig	boring
furchtbar	awful
Ich mag den Job, weil …	I like the job because …
er interessant ist	it's interesting
er Spaß macht	it's fun
ich viel Geld verdiene	I earn a lot of money
Ich mag den Job nicht, weil …	I don't like the job because …
er langweilig ist	it's boring
er keinen Spaß macht	it's no fun
ich nicht viel Geld verdiene	I don't earn a lot of money
Man muss …	You have to …
abwaschen	wash up
sauber machen	clean
Salate vorbereiten	prepare salads
Man kann …	You can …
mit den Hunden laufen	run with the dogs
mit einem Ball spielen	play with a ball
fit bleiben	keep fit
Man darf (nicht) …	You are (not) allowed to …
essen	eat
spielen	play
Ich habe keinen Job, aber ich will als … arbeiten.	I don't have a job, but I want to work as a …

Was möchtest du machen? • What would you like to do?

Ich möchte ...	I would like ...
zuerst	first of all
später	later
dann	then
bei (BWW) arbeiten	to work for (BMW)
heiraten	to get married
Kinder haben	to have children
um die Welt reisen	to travel round the world
Fußballprofi werden	to become a footballer
Schauspieler(in) werden	to become an actor (actress)
Sänger(in) werden	to become a singer
auf die Uni gehen	to go to university
(Mathe) studieren	to study (maths)
im Ausland leben	to live abroad

Oft benutzte Wörter • High-frequency words

nie	never
vielleicht	maybe
bestimmt	definitely
zuerst	first of all
später	later
dann	then
seit	since/for
in	in
auf	on
extrem	extremely
in zwei Jahren	in two years
in fünf Jahren	in five years

Im Skiort • In the ski resort

das Café(s)	café
das Restaurant(s)	restaurant
das Hotel(s)	hotel
die Skischule(n)	ski school
das Souvenirgeschäft(e)	souvenir shop
die Kinderkrippe(n)	crèche
der Berg(e)	mountain
die Piste(n)	ski run
der Wellnessbereich(e)	spa
Ich arbeite im Moment ...	At the moment I work ...
im Souvenirgeschäft	in the souvenir shop
als Küchenhilfe	as a kitchen help
Ich möchte später ...	Later I would like to ...
Sozialarbeiter(in) werden	become a social worker
ein Restaurant eröffnen	open a restaurant
Ich würde nie ...	I would never ...
in der Stadt leben	live in the city
auf dem Berg leben	live on the mountain

Strategie 2

In Chapter 3 you have met a lot of language in sentences. Fix this vocabulary in your long-term memory by playing 'beep' with a partner.

Take each section of language on these two pages in turn. Ask your partner the key question. They respond, 'beeping' out one word from their answer. Respond by giving the full sentence, including the missing word.

Then swap roles and give a different answer to the same question.

1 *Was für einen Job hast du?*

2 *Ich 'beep' in einem Supermarkt.*

3 *Ich arbeite in einem Supermarkt.*

4 *Ja, richtig!*

Turn to page 133 to remind yourself of the five *Strategien* you learned in *Stimmt! 2*.

Projektzone
Der beste Job der Welt

> Finding out about an amazing job
> Applying for a dream job

1 Sortiere die Sportarten. Wintersport oder Sommersport?
Beispiel: **a** Snowboarden – Wintersport

die Sportart(en) = type of sport

WINTERSPORT UND SOMMERSPORT IN ÖSTERREICH

- a Snowboarden
- b Skifahren
- c Windsurfen
- d Wasserrutschen
- e Schneeschuh wandern
- f Bergsteigen
- g Eisklettern
- h Nachtskifahren
- i Mountainbiken

2 Sieh dir die Sportarten in Aufgabe 1 noch mal an.
Welche Sportart ist das? (1–6)

3 Lies den Text. Wähl die richtige Antwort aus.

DER BESTE JOB DER WELT IN ÖSTERREICH
2 neue Stellen sind frei!

Das Tourismusservice in Österreich hat die „zwei besten Jobs der Welt"
- Bist du aktiv? Bist du abenteuerlustig? Magst du Extremsportarten?
- Möchtest du Wassersportarten testen oder Skischulen besuchen?
- Möchtest du 13.000 Euro pro Monat verdienen?
- Möchtest du sechs Monate in Österreich leben?

„Der beste Job der Welt"
- Das Tourismusservice in Österreich sucht eine junge Person für den Sommerjob und eine zweite Person für den Winterjob.
- Der Gewinner muss nur die Sportarten für junge Leute in Österreich testen und ein Online-Blog darüber schreiben.
- Wir suchen Kandidaten zwischen 13 und 20 Jahren. Wir möchten eine Videobewerbung von maximal einer Minute.

1 The Austrian tourist board is offering two dream **holidays / jobs**.
2 The winner will earn **twenty thousand / thirteen thousand** euros per month.
3 The opportunity is for **six / three** months.
4 The winner has to test the **sports / hotel facilities** in Austria.
5 He or she will write **magazine articles / an online blog** about the experience.

4 Lies den Text noch mal. Wie heißt das auf Deutsch?
1 adventurous 2 to visit 3 to earn 4 the winner 5 candidates 6 video application

72 *zweiundsiebzig*

KAPITEL 3

5 Lies die Bewerbung und füll die Lücken aus.
Read the application and fill in the gaps.

3. März

Hallo! Ich heiße Alexander. Ich bin sechzehn Jahre alt und komme aus Köln in Deutschland. Ich bin **1** _____ und kühn. Ich liebe alle **2** _____. Ich schwimme, ich **3** _____ gern und ich fahre gern Mountainbike. Ich habe eine tolle Ambition. Ich **4** _____ nach Tansania fahren und den Kilimandscharo **5** _____. Ich liebe den **6** _____ und möchte alle Sportarten in Österreich **7** _____. Ich bin bestimmt der beste **8** _____ für den besten Job der Welt.

adrenalinsüchtig = (an) adrenaline junkie

Wordbank: möchte, surfe, Sommer, Kandidat, adrenalinsüchtig, besteigen, Extremsportarten, testen

6 Hör dir die Bewerbung aus Aufgabe 5 an und überprüfe.

7 Hör dir die zweite Bewerbung an. Mach Notizen auf Englisch.

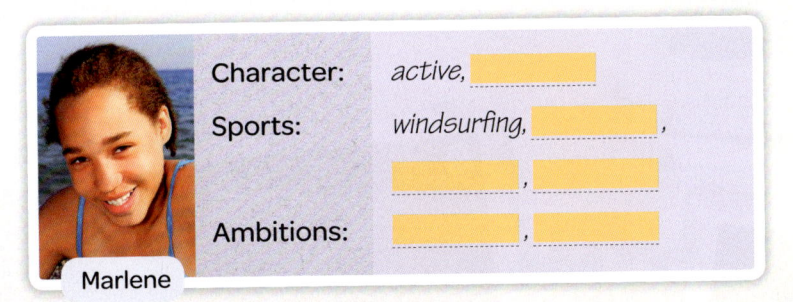

Character: active, _____
Sports: windsurfing, _____, _____, _____
Ambitions: _____, _____

Marlene

Gewinner des „Best Job in the World" war der Engländer Ben Southall.

Ein britischer Mann gewinnt den ersten „besten Job der Welt". Ben Southall, 34 Jahre alt, hat sechs Monate auf der australischen Insel Hamilton Island gewohnt und 80.000 Euro verdient.

8 Sieh dir den Text in Aufgabe 3 noch mal an. Wähl einen Job aus – den Sommerjob oder den Winterjob. Schreib deine Bewerbung.

Base your application text on Alexander's application in exercise 5. Don't forget to mention:
- relevant details about your character
- what you like doing in your free time that makes you suitable
- one ambition you have
- what you would like to do in the job and why.

9 Mach eine Präsentation von deiner Bewerbung (Aufgabe 8).

Before giving your application, practise. Instead of reading from notes, rehearse until you are confident.

dreiundsiebzig **73**

KAPITEL 4 Die Kindheit

1 Sieh dir die Fotos an und lies die Texte. Wer ist das?

Berühmte Personen als Kinder ...

1 Er ist Mitglied der britischen Königsfamilie.

2 Diese Deutsche war Schauspielerin und Sängerin und wurde über 90 Jahre alt.

3 Sie ist eine sehr bekannte deutsche Politikerin.

4 Ihr Debüt als Model war in England und sie ist weltweit bekannt.

KAPITEL 4

⑤

⑥

Er war so modisch als Teenager, oder? Jetzt singt und schreibt er viele Lieder und ist auch Schauspieler.

Er war ein sehr berühmter Deutscher und der „Vater" der modernen Physik.

- **a** Albert Einstein
- **b** Angela Merkel
- **c** Justin Timberlake
- **d** Kate Moss
- **e** Marlene Dietrich
- **f** Prinz William

fünfundsiebzig **75**

1 Meine Kindheit

> ➤ Talking about your childhood
> ➤ Using **hatte** and **war**

1 Lies die Texte und finde die Paare.

Was war deine Lieblingssache aus der Kindheit?

1. Mit sieben Jahren hatte ich ein tolles Rad. Das war meine Lieblingssache.

2. Mit fünf Jahren hatte ich einen roten VW. Das war meine Lieblingssache.

3. Mit acht Jahren hatte ich eine schöne Puppe. Das war meine Lieblingssache.

4. Mit vier Jahren hatte ich einen niedlichen Teddybären. Das war meine Lieblingssache.

5. Mit sechs Jahren hatte ich einen kleinen Computer. Das war meine Lieblingssache.

mit ... Jahren = at the age of ...

2 Hör zu. Schreib die Tabelle ab und füll sie aus. (1–5)

	Wie alt?	Lieblingssache	Adjektiv
1	8		
2			

3 Gruppenarbeit. Was waren deine Lieblingssachen aus der Kindheit? Diskutiere.

- Mit fünf Jahren hatte ich einen tollen Fotoapparat.
- Mit fünf Jahren hatte ich ein blaues Jo-Jo. Super, was?
- Was? Du spinnst! Ein Jo-Jo! Mit fünf Jahren hatte ich ein schnelles Rad. Das war meine Lieblingssache.

Zur Hilfe: Ich hatte ...

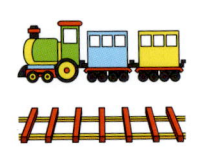

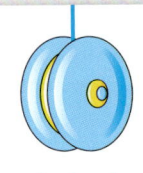

einen Fotoapparat   einen Gokart   eine Tasche   eine Eisenbahn   ein Jo-Jo   ein Schaukelpferd

Grammatik
> Page 90

To say 'had', you use the imperfect tense of **haben**.
To say 'was', you use the imperfect tense of **sein**.

	haben (to have)	**sein** (to be)
ich	hatte	war
du	hattest	warst
er/sie/es/man	hatte	war

When you use an adjective before a noun, it has a different ending for masculine, feminine and neuter nouns:

Ich hatte	ein**en** klein**en** VW.
	ein**e** klein**e** Puppe.
	ein klein**es** Rad.

76 sechsundsiebzig

KAPITEL 4

4 Lies die Texte und die Sätze. Korrigiere die Sätze.

Früher und heute

Sabira Mit sechs Jahren hatte ich viele Puppen und Kuscheltiere. Ich war oft mit meinen Freundinnen im Garten oder im Zimmer und ich hatte viel Spaß mit den Puppen. Jetzt spiele ich lieber spannende Videospiele am Computer und höre meine Lieblingsbands, weil das viel interessanter ist.

Julius Mit sieben Jahren hatte ich ein blaues Skateboard. Das war meine Lieblingssache und es war super! Mit neun Jahren hatte ich mein erstes Mountainbike und jetzt ist Mountainbiken mein Lieblingshobby! Am Wochenende fahre ich gern in den Bergen Rad.

Patrizia Letzte Woche habe ich im Fotoalbum schreckliche, alte Fotos gesehen! Mit acht Jahren war ich so altmodisch! Ich hatte zum Beispiel ein rotes T-Shirt, eine blaue Baseballmütze und braune Sandalen. Furchtbar! Jetzt trage ich immer Designerkleidung, weil das mein Stil ist.

das Kuscheltier = soft toy
jetzt = now
ich spiele lieber ... = I prefer to play ...
ich trage = I wear
die Kleidung = clothes

1 Mit sechs Jahren hatte Sabira viele Autos.
2 Jetzt spielt sie oft mit Puppen.
3 Mit neun Jahren hatte Julius ein blaues Skateboard.
4 Jezt fährt er am Wochenende gern Skateboard.
5 Mit acht Jahren hatte Patrizia modische Kleidung.
6 Jetzt trägt sie oft Sportkleidung.

5 Hör zu. Schreib die Tabelle ab und mach Notizen auf Englisch. (1–3)

1 Thea   2 Konrad   3 Susanna

	Then	Now
1 Thea	had a ...	does sport and ...

6 Übersetze die Sätze ins Deutsche.

1 At the age of five I had a small teddy bear.
2 That was my favourite thing because it was cute.
3 At the age of eight I had a great bike.
4 Now I prefer listening to my favourite bands.
5 Now I always play basketball because that is my favourite hobby.

Look at the texts in exercise 4 for support.
- Include adjectives with the correct endings.
- Give opinions and reasons (*weil das Spaß macht*).

7 Was waren deine Lieblingssachen aus der Kindheit? Schreib ein paar Sätze.

siebenundsiebzig **77**

2 Erinnerungen

> Talking about childhood activities
> Using **konnte**, **durfte** and **musste**

1 Hör zu. Welches Bild ist das? (1–7)
Beispiel: **1** e

das Alter = age

Mit welchem Alter konntest du das machen?
Ich konnte mit (sechs) Monaten …
Ich konnte mit (zwei) Jahren …

a bis 20 zählen
b schwimmen 
c meinen Namen schreiben 
d Rad fahren 
e laufen 
f lesen 
g sprechen 

2 Hör zu. Welches Bild ist das und mit welchem Alter? (1–7)
Beispiel: **1** c, mit 4 Jahren

3 Gruppenarbeit. Mit welchem Alter konntest du das machen? Diskutiere.
Beispiel:
- Ich konnte mit vierzehn Monaten laufen. Und du?
- Ich konnte mit elf Monaten laufen.
- Was?! Das stimmt nicht! Mit welchem Alter konntest du bis 100 zählen? Mit einem Jahr?
- Nein, du spinnst! …

Grammatik
> Page 90

To say what you could do (were able to do) at certain ages, use the imperfect of **können** (to be able to, 'can').

	+ infinitive verb
ich konn**te**	… laufen
du konn**test**	… sprechen
er/sie/es/man konn**te**	… zählen
	… Rad fahren

Ich **konnte** mit vierzehn Monaten **laufen**.
I **could walk** at 14 months. / I **was able to walk** at 14 months.

bis 100 zählen
lächeln 
einen Handstand machen 
die Uhr lesen 

Remember to use some group talk phrases:
Das stimmt!
Das stimmt nicht!
Ach was!
Du spinnst!

KAPITEL 4

4 Lies die Texte und finde die richtigen Bilder. Schreib auch das Alter auf.
Beispiel: Annika: f, mit 4 Jahren, …

Annika: Meine Mutter war ziemlich streng. Ich musste mit vier Jahren um 19 Uhr ins Bett gehen, aber mit acht Jahren durfte ich alleine in die Schule gehen, weil sie nicht sehr weit war. Das war in Ordnung. Und ich durfte mit zwölf Jahren alleine ins Kino gehen, aber ich musste um 18 Uhr zu Hause sein.

Jonas: Ich durfte mit zehn Jahren nicht alleine in die Stadt gehen, weil das zu gefährlich war – meine Mutter war zu ängstlich! Mit elf Jahren hatte meine Freundin eine Gitarre, aber ich durfte nicht Gitarre spielen. Das war gemein.

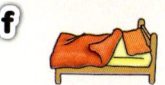

5 Lies die Texte noch mal. Finde die Paare.
Beispiel: **1** d

1 streng   a all right
2 weit   b anxious, worried
3 in Ordnung   c far away
4 gefährlich   d strict
5 ängstlich   e mean
6 gemein   f dangerous

Grammatik ▶ Page 90

The modal verbs **müssen** (to have to) and **dürfen** (to be allowed to) have the same endings as **können** in the imperfect tense.

ich muss**te** (I had to)	
ich durf**te** (I was allowed to)	+ infinitive
ich durf**te** nicht (I was not allowed to)	

6 Übersetze die Sätze ins Deutsche.
1 I could swim at the age of 6.
2 I was allowed to go into town by myself at the age of 10.
3 I had to be home by 8 pm because my father was strict.
4 I was not allowed to go to school by myself because it was too far away.
5 I had to go to bed at 9 pm at the age of 12. That was mean.

7 Mach eine Präsentation: „Meine Kindheit".
- Was konntest du machen?
- Was musstest du machen?
- Was durftest du machen? Und was durftest du nicht machen?

Beispiel:

> Ich konnte mit fünf Jahren Rad fahren, aber ich durfte nicht alleine fahren, weil das gefährlich war. Ich hatte ein tolles Rad – das war meine Lieblingssache. Mit sechs Jahren musste ich …

Use the texts and key language on pages 76–79 to help you.

Include opinions:
Meine Mutter war nicht / sehr streng.
Das war toll / gemein / in Ordnung.

Try to give reasons using *weil*.

zu Hause helfen   (Gitarre / Klavier) spielen   bis (22) Uhr fernsehen

neunundsiebzig **79**

3 Sekundarschule oder Grundschule?

> ➤ Comparing secondary school and primary school
> ➤ Using present and past tenses

1 Hör zu und lies. Wer ist das? (1–6)
Beispiel: **1** Markus

	In der Sekundarschule ...	aber in der Grundschule ...
Lisa:	ist das Essen in der Kantine schlecht,	war das Essen in der Kantine lecker.
Markus:	sind die Lehrer streng,	waren die Lehrer freundlich.
Thomas:	sind die Klassenzimmer langweilig,	waren die Klassenzimmer bunt.
Anna:	haben wir viele Hausaufgaben,	hatten wir nicht viele Hausaufgaben.
Bastian:	müssen wir das Klassenzimmer wechseln,	mussten wir in einem Klassenzimmer bleiben.
Sonja:	dürfen wir kein Klassentier haben,	durften wir ein Klassentier haben.

2 Lies die Sätze (Aufgabe 1) noch mal. Wer sagt das? Schreib den richtigen Namen auf.

1 The classrooms were colourful.
2 The food is bad.
3 We're not allowed to have a class pet.
4 We had to stay in one classroom.
5 We have lots of homework.
6 The teachers are strict.

3 Hör zu. Schreib die Tabelle ab und füll sie auf Englisch aus. (1–4)

1 Eva   3 Oğuz   3 Susi   4 Adam

	Secondary school	Primary school
1 Eva	not allowed class pet	

Grammatik > Page 90

You have already learned the **ich** form of these verbs. You need a different ending for the **wir** form:

Present	Imperfect
ich habe	ich hat**te**
wir haben	wir hat**ten**
ich muss	ich muss**te**
wir müssen	wir muss**ten**
ich darf	ich durf**te**
wir dürfen	wir durf**ten**

The verb **sein** (to be) is very irregular. Use it to say what things were like:

es ist (it is)	es war (it was)
sie sind (they are)	sie waren (they were)

4 Partnerarbeit. Wie ist die Sekundarschule? Wie war die Grundschule? Mach Dialoge.
Beispiel:
● Wie ist deine Sekundarschule und wie war deine Grundschule?
■ In der Sekundarschule sind die Lehrer zu streng, aber in der Grundschule waren die Lehrer sehr freundlich.

KAPITEL 4

5 Lies den Text. Richtig oder falsch?
Beispiel: **1** falsch

1 In der Grundschule waren die Lehrer freundlicher. Wir durften jeden Tag spielen! Aber in der Sekundarschule sind die Lehrer strenger und wir dürfen nur in der Pause spielen.

2 Meine Grundschule war viel kleiner als meine Sekundarschule, aber in der Pause waren die Schüler lauter. Jetzt sind meine Freunde nicht so laut, weil wir älter sind.

3 Meine Klassenzimmer sind jetzt größer. Das finde ich gut, aber in der Grundschule war mein Klassenzimmer bunter und wir durften einen Hamster haben – er war sehr groß.

4 Das Essen in der Grundschule war schlechter als in der Sekundarschule – mit 7 Jahren durften wir keine Pizza essen. Jetzt ist das Essen interessanter und leckerer.

In der Sekundarschule …
1 sind die Lehrer freundlicher.
2 darf man im Klassenzimmer spielen.
3 sind die Schüler lauter.
4 sind die Klassenzimmer größer.
5 ist das Essen besser.

6 Finde im Text die zehn Komparative. Wie heißen sie auf Englisch?
Beispiel: freundlicher – friendlier

7 Übersetze die Sätze ins Deutsche.
1 The teachers were stricter.
2 My classrooms are more interesting.
3 The hamster was louder.
4 The food was tastier.
5 My friends are older.

Grammatik ▶ Page 91

To make comparisons, add **–er** to the adjective:

streng ➜ streng**er** (stricter)
bunt ➜ bunt**er** (more colourful)
langweilig ➜ langweilig**er** (more boring)

Some adjectives also add an umlaut:

alt ➜ **ä**lt**er** (older)
groß ➜ gr**ö**ß**er** (bigger)

Be careful with *gut*:

gut ➜ **besser** (better)

Look carefully at the English sentences to make sure you use the right tense in the German.

einundachtzig **81**

4 Er war der Beste!

> Talking about primary school friends
> Using the superlative

1 Sieh dir das Bild an. Wie sagt man das?

Er war der … / Sie war die …

Größte • Frechste • Älteste • Lauteste • Sportlichste • Kleinste

Klasse 4

Aussprache

Use the phonics you have learned to predict how the words are pronounced, e.g.

die Gr**ö**ßte – **ö** as in L**ö**we

der **Sp**ortlichste – **Sp** as in **Sp**itzbart

Adam Karl
Florian Laura
Gabi Julia

2 Sieh dir das Bild und die Namen an. Hör zu. Wer war das?
Beispiel: Gabi war die Größte.

3 Partnerarbeit. Partner(in) A wählt ein Adjektiv aus. Partner(in) B sagt den Superlativ.
Beispiel:
- freundlich
- der Freundlichste!

freundlich • schlecht • langweilig • interessant • bunt • streng • intelligent • musikalisch

Grammatik > Page 91

Use the superlative to say that someone or something is 'the tallest', 'the most intelligent', etc.

To form the superlative, add **–ste** to the adjective and start it with a capital letter:

klein ➔ der/die Klein**ste** (the smallest)

If the adjective ends in **–t**, add **–este** so it's easier to pronounce:

intelligent ➔ der/die Intelligent**este** (the most intelligent)

Some adjectives also add an umlaut:

groß ➔ der/die Gr**ö**ßte (the tallest)
alt ➔ der/die **Ä**lt**este** (the oldest)

4 Hör zu. Was hörst du? Notiere das Adjektiv, den Komparativ oder den Superlativ und schreib A, K oder S. (1–6)
Beispiel: **1** groß – A

82 zweiundachtzig

KAPITEL 4

5 Lies Florians Text und beantworte die Fragen auf Englisch.

Mit acht Jahren war ich so frech – viel frecher als die anderen Jungen. Ich war älter als viele in der Klasse, aber nicht der Älteste – das war mein bester Freund, Adam.

Die Grundschule war schön – wir konnten jeden Tag draußen spielen und die Lehrer waren sehr freundlich. Nur Frau Schmidt war zu streng – sie war die Strengste! Wir durften in der Klasse nicht mit Freunden sprechen und wir mussten alle „Guten Morgen, Frau Schmidt" sagen.

Die Sekundarschule ist auch nicht schlecht. Wir dürfen nicht oft spielen und wir haben viele Hausaufgaben, aber die Schule ist größer als die Grundschule und die Schüler sind nett. Wir dürfen in der Pause am Computer spielen oder wir können in die Kantine gehen.

Nächstes Jahr in der 10. Klasse werde ich mehr Stress haben! Ich werde fleißiger sein – und nicht so frech!

draußen = outside
fleißig = hard working

1 What two things do we learn about Florian's friend, Adam?
2 What did Florian like about primary school?
3 Why did he think Frau Schmidt was too strict?
4 What two things are not so good about secondary school?
5 What are they allowed to do at break time?
6 How will Florian change next year?

To talk about what you will do (future tense) use **werden** + an infinitive:
Ich **werde** mehr Stress **haben**. I **will have** more stress.

6 Hör Lena zu (1–4). Notiere den Zeitpunkt und die Superlative (a–h).

For each of the paragraphs you hear (1–4), note down the time phrase and two superlatives (a–h).

Beispiel: **1** in der Sekundarschule, c, …

Zeitpunkt
mit acht Jahren
in der Grundschule
in der Sekundarschule
nächstes Jahr

Superlative
a die Bunteste
b die Intelligenteste
c die Interessanteste
d die Langweiligste
e die Musikalischste
f die Schlechteste
g die Strengste
h die Lauteste

7 Partnerarbeit. Stell und beantworte Fragen.

- *Wie warst du mit acht Jahren?*
- *Wie war die Grundschule?*
- *Und wie ist die Sekundarschule?*
- *Wie wird es nächstes Jahr sein?*

■ *Mit acht Jahren war ich …*
■ *Die Grundschule war …*
■ *Die Sekundarschule ist …*
■ *Nächstes Jahr werde ich …*

8 Schreib über deine Grundschule und deine Sekundarschule.

Beispiel:

Meine Grundschule war toll! Wir durften …
Meine beste Freundin war …

Use the text in exercise 5 to help you with exercises 7 and 8. Adapt the language to suit your own situation.

dreiundachtzig **83**

5 Es war einmal …

> ➤ Writing about fairy tales
> ➤ Recognising perfect and imperfect tenses

1 Hör dir die Märchen-Auszüge an (1–3) und lies. Welches Bild passt?

a   b   c

1 Aschenputtel

Der Prinz ist mit dem Schuh von Haus zu Haus gegangen. Die beiden gemeinen Schwestern waren nicht glücklich – der Schuh war zu klein. Aber im Haus war noch eine Tochter. Sie hat in der Küche gearbeitet.

2 Schneewittchen

Die sieben Zwerge waren nicht zu Hause; das Mädchen war ganz alleine. Eine alte Dame ist zur Tür gekommen und das schöne Mädchen hat einen Apfel gegessen.

Später war die böse Königin (die alte Dame) in ihrem Zimmer: „Spieglein, Spieglein an der Wand, wer ist die Schönste im ganzen Land?"

3 Dornröschen

Viele Leute waren im Schloss, aber sie waren alle in tiefem Schlaf. Endlich hat der Prinz die Tür zum Turm geöffnet. Er hat die Prinzessin gesehen und sie war so schön. Der Prinz hat ihr einen Kuss gegeben.

das Spieglein = mirror (small)
der Turm = tower

2 Wie heißen die Titel auf Englisch? (1–3)

3 Partnerarbeit. Wähl einen Auszug (Aufgabe 1) aus und lies ihn vor. Dein(e) Partner(in) bewertet die Aussprache.
Choose an extract (exercise 1) and read it aloud. Your partner assesses the pronunciation.

4 Lies die Auszüge noch mal. Wie heißt das auf Deutsch?
Beispiel: **1** der Prinz

1. the prince
2. another daughter
3. the seven dwarves
4. the wicked queen
5. the most beautiful
6. fast asleep
7. the princess
8. a kiss

5 Finde die Verben im Perfekt in den Auszügen. Schreib sie auf Englisch auf.
Beispiel: **1** ist … gegangen – went

Grammatik

You now know two past tenses in German:

Perfect tense: formed with an auxiliary (*haben* or *sein*) + past participle:

*Sie **hat** in der Küche **gearbeitet**.*
She **worked** in the kitchen.

*Der Prinz **ist** von Haus zu Haus **gegangen**.*
The prince **went** from house to house.

Imperfect tense:

*Sie **war** so schön.*
She **was** so beautiful.

*Die Schwestern **waren** nicht glücklich.*
The sisters **were** not happy.

84 vierundachtzig

KAPITEL 4

6 Lies Jans Blog und die Sätze. Wer oder was ist das?
Beispiel: **1** ein Teddybär

ICH LESE GERN

Mit fünf Jahren hatte ich viele Spielsachen (zum Beispiel ein gelbes Rad und einen großen blauen Teddybären), aber meine Lieblingssache war das Buch *Schneewittchen*, weil die Bilder so bunt waren. Ich habe die sieben Zwerge sehr lustig gefunden – Happy war der Freundlichste!

Mit zehn Jahren habe ich die Harry-Potter-Bücher gelesen. Ich finde sie toll! Sie sind fast wie Märchen, aber sie sind moderner und auch nicht so kindisch.

Jetzt lese ich nicht so oft Märchen und Fantasy-Bücher, weil Magazine interessanter sind. Ich sehe auch lieber Filme oder spiele am Computer und ich finde, für Teenager sind Märchen ein bisschen altmodisch.

In der Zukunft werde ich Märchen mit meinem Kind lesen, weil wir viel von Märchen lernen. Mein Kind wird lernen, was Gut ist und was Böse ist – das finde ich sehr wichtig.

Jan

sie sind fast wie Märchen = they are almost like fairy tales
Gut und Böse = good and evil

1 Er war blau.
2 Sie waren bunt.
3 Er hat sie lustig gefunden.
4 Sie sind toll.
5 Sie sind interessanter als Märchen.
6 Sie sind wichtig für Kinder.

7 Lies das Blog noch mal und beantworte die Fragen auf Englisch.

1 Why was *Snow White* Jan's favourite book?
2 Who did he think was friendly?
3 Why are Harry Potter books better than fairy tales for him?
4 How does he think teenagers react to fairy tales now?
5 Who will he read fairy tales to?
6 Why are fairy tales important for children?

8 Hör zu. Sind die Meinungen zu Märchen positiv (P) oder negativ (N)? (1–7)
Beispiel: **1** P

9 Schreib einen Bericht über Märchen. Beantworte die Fragen.

- Was hast du als Kind gelesen?
  Mit (fünf) Jahren habe ich (Aschenputtel) gelesen.
- Was war dein Lieblingsmärchen? Warum?
  (Aschenputtel) war mein Lieblingsmärchen, weil es so … war.
- Wie findest du Märchen?
  Jetzt finde ich Märchen (ziemlich) …
- Was liest du jetzt? Warum?
  Ich lese jetzt (Romane / Zeitschriften), weil sie (interessanter) sind.
- Was wirst du in der Zukunft lesen?
  In der Zukunft werde ich …

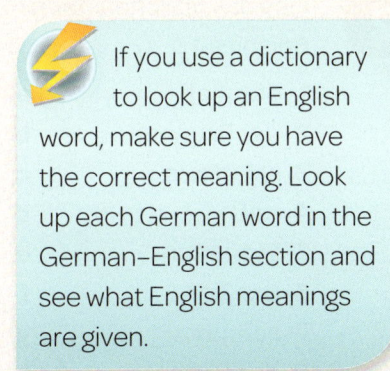

If you use a dictionary to look up an English word, make sure you have the correct meaning. Look up each German word in the German–English section and see what English meanings are given.

fünfundachtzig **85**

6 Erzähl mir was!

Extension Reading Skills

➤ Telling stories
➤ Understanding detail in longer texts

1 Hör zu und lies das Märchen.

FRAU HOLLE
EIN MÄRCHEN DER BRÜDER GRIMM

1 Es war einmal eine Frau. Sie hatte zwei Töchter. Goldmarie war die Stieftochter und sie war schön und fleißig. Pechmarie war die richtige Tochter. Sie war hässlich und faul, aber sie war die Lieblingstochter.

2 Goldmarie musste viel arbeiten – kochen, sauber machen und spinnen. Die Spule ist in den Brunnen gefallen. „Du musst die Spule herausholen", hat die Stiefmutter gesagt.

die Spule   der Brunnen

3 Goldmarie ist in den Brunnen gesprungen und sie ist in eine andere Welt gekommen.

4 Sie hat einen Backofen gesehen. „Ach, hol mich heraus, hier ist es zu heiß", hat das Brot gesagt.

Dann ist sie zu einem Apfelbaum gekommen. „Ach, schüttel mich, meine Äpfel sind alle reif", hat der Baum gesagt.

To help you understand the gist of this fairy tale:
- think about the context.
- look at the pictures for clues.
- use the words you do know to help you.
- look for cognates.

---

2 Lies das Märchen noch mal. Wie heißt das auf Englisch? Finde die Paare.
Beispiel: **1** d

1 hässlich
2 der Brunnen
3 schütteln
4 reif
5 zufrieden
6 das Tor
7 schmutzig
8 das Pech

a dirty
b to shake
c tar
d ugly
e the gateway
f the well
g pleased
h ripe

Find the words in the story so you see them in context.
- Ask yourself what kind of word you are matching (noun, verb, adjective).
- Look up any other unfamiliar words in a dictionary; make sure you find the right meaning for the context.

86 sechsundachtzig

herausholen (hat herausgeholt) = to take out (took out)
(sie) wollte = (she) wanted

5 Endlich ist sie zu einem kleinen Haus gekommen. Eine alte Frau hat zu Goldmarie gesagt: „Ich bin Frau Holle. Bleib bei mir und mach die Arbeit im Haus. Du musst mein Bett gut schütteln, dann schneit es in der Welt."

6 Frau Holle war zufrieden und ein paar Wochen später durfte Goldmarie nach Hause gehen. Goldmarie musste durch ein Tor gehen und sehr viel Gold ist auf sie gefallen. „Das ist dein Gold, weil du so fleißig bist", hat Frau Holle gesagt.

7 Goldmarie war schnell zu Hause und die Mutter war sehr freundlich, weil sie so viel Gold hatte.

8 Pechmarie, die faule Tochter, wollte auch viel Gold haben. Sie ist zu Frau Holle gegangen, aber sie war nicht fleißig und Frau Holle war nicht zufrieden. Ein paar Wochen später ist Pechmarie durch das Tor gegangen, aber es ist kein Gold auf Pechmarie gefallen. Schmutziges Pech ist auf sie gefallen.

3 Lies das Märchen noch mal. Beantworte die Fragen auf Englisch.
1. Which daughter was the mother's favourite?
2. What jobs did Goldmarie have to do?
3. Where did Goldmarie accidentally drop a bobbin?
4. Why did the bread want taking out of the oven?
5. Why did the apple tree need shaking?
6. Whose house did Goldmarie stay in?
7. Why was Goldmarie showered with gold?
8. Why was Pechmarie showered with tar, not gold?

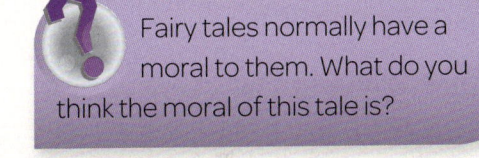

> Fairy tales normally have a moral to them. What do you think the moral of this tale is?

4 Partnerarbeit. Lies das Märchen vor und spiel 'Beep'.
Beispiel:
- Es war einmal eine Frau. Sie hatte zwei 'beep'.
- *Töchter!*
- Goldmarie war 'beep' und fleißig.
- *schön!*

5 Gruppenarbeit. Wähl einen Absatz aus und übersetze ihn ins Englische.
Beispiel:

> Once upon a time there was a woman. She had two daughters …

Translating into English
- You do not usually need to translate every single word. Look at whole phrases and sentences to get the meaning.
- Check you have the right tense of verbs – and remember that the perfect tense is made up of two parts.
- When you have written a first draft, read it through. Does it sound English? If not, think of how you can improve it.

Lernzieltest

I can…

1

• talk about my childhood	Mit sechs Jahren hatte ich einen Teddybären.
▪ use *hatte* and *war*	Ich **hatte** ein tolles Rad. Das **war** meine Lieblingssache.
▪ use adjectives before nouns	Ich hatte eine **kleine** Puppe.

2

• talk about childhood activities	Ich konnte mit fünf Jahren Rad fahren.
▪ use the imperfect of modal verbs (*konnte*, *durfte*, *musste*)	Ich **konnte** mit elf Monaten laufen. Ich **durfte** alleine ins Kino gehen. Ich **musste** um 18 Uhr zu Hause sein.

3

• compare secondary school and primary school	In der Sekundarschule sind die Lehrer streng, aber in der Grundschule waren die Lehrer freundlich.
▪ use present and past tenses	In der Sekundarschule ist das Essen lecker, aber in der Grundschule war das Essen schlecht.
▪ use the imperfect of a variety of verbs (*wir* and *sie* forms)	In der Grundschule **durften** wir ein Klassentier haben. In der Grundschule **waren** die Klassenzimmer bunt.
▪ use the comparative	Meine Grundschule war **kleiner** (als meine Sekundarschule).

4

• talk about primary school friends	Meine Freundin war die Kleinste.
▪ use the superlative	Mein Freund war **der Größte** in der Klasse.
▪ use the future tense	Ich **werde** mehr Stress **haben**.
✎ use the key sounds when pronouncing new words	**L**öwe → die G**rö**ßte **Sp**itzbart → der **Sp**ortlichste

5

• write about fairy tales	„Schneewittchen" ist mein Lieblingsmärchen.
▪ recognise perfect and imperfect tenses	Der Prinz **hat** die Prinzessin **gesehen** und sie **war** so schön.
✎ use a dictionary to find or check the meaning of new vocabulary	

6

• understand a fairy tale	
✎ read for gist, using context, pictures, familiar language and cognates to help me	
✎ understand detail in longer texts	
✎ use a dictionary to find or check the meaning of new vocabulary	
✎ translate a text into good English	

88 *achtundachtzig*

Wiederholung

KAPITEL 4

1 Hör zu. Welches Bild ist das? Wie alt waren sie? (1–6)
Beispiel: **1** c, 6 Jahre alt

a b c d e f

2 Partnerarbeit. Sieh dir die Bilder an und mach Sätze.
Beispiel:
- Mit neun Jahren durfte ich alleine in die Schule gehen.
- Das ist Bild 3. Mit acht Jahren …

1 mit 13 Monaten
2 mit 8 Jahren
3 mit 9 Jahren
4 mit 10 Jahren
5 mit 11 Jahren

3 Lies Tinas Blog und beantworte die Fragen auf Englisch.

Mit sieben Jahren war ich größer als meine Freunde, aber meine Freundin Anja war die Älteste.

Meine Grundschule war ziemlich klein und alt, aber die Lehrer waren freundlicher als jetzt. In der zweiten Klasse hatten wir einen Klassenhamster, aber jetzt dürfen wir kein Klassentier haben.

Die Sekundarschule ist moderner und die Klassenzimmer sind größer, aber nicht so bunt. Wir müssen viele Hausaufgaben machen und die Lehrer sind strenger.

Nächstes Jahr werde ich mehr Hausaufgaben haben! Das wird furchtbar sein!

Tina

1 Who was older, Tina or Anja?
2 What does Tina say about her primary school teachers?
3 What is not allowed at secondary school?
4 What does she say about the classrooms now? (2 details)
5 What does Tina think will be terrible?

4 Schreib einen Text: „Zwei Sachen …". Include 2:
- favourite things
- things you could do at certain ages
- memories of primary school
- things you were or weren't allowed to do
- things that are different now.

Use *ich konnte*, *ich musste* or *ich durfte* (*nicht*) in your sentences.

Beispiel:

Mit (…) Jahren hatte ich (…) Das war meine Lieblingssache. Ich hatte auch (…)
Ich konnte mit (…) Jahren (sprechen, …) und (…)
Meine Grundschule war …

neunundachtzig **89**

Grammatik

The imperfect tense of haben and sein

To say 'had', you use the imperfect tense of *haben*.
To say 'was' and 'were', you use the imperfect tense of *sein*.

	haben (to have)	**sein** (to be)
ich	hatte	war
du	hattest	warst
er/sie/es/man	hatte	war
wir	hatten	waren
ihr	hattet	wart
Sie	hatten	waren
sie	hatten	waren

1 Write the sentences in the imperfect tense, then translate your answers into English.
Example: **1** Ich <u>hatte</u> einen Teddybären. – I had a teddy bear.

1 Ich habe einen Teddybären.
2 Mein Bruder hat ein tolles Rad.
3 Meine Schwester ist gemein.
4 Die Klassenzimmer sind bunt.
5 Meine Grundschule ist sehr klein.
6 Wir haben ein kleines Kaninchen.

The imperfect tense of modal verbs

To say what you could do (were able to do) at certain ages, use the imperfect tense of *können* (to be able to, 'can').

Remove the umlaut and *–en* from the infinitive to get the stem (*konn–*), then add the **imperfect endings**:

Ich **konnte** mit vier Jahren <u>lesen</u>.
I **could** <u>read</u> / I **was able** <u>to read</u> at four years of age.

ich konn**te**	+ infinitive verb at the end
du konn**test**	
er/sie/es/man konn**te**	… lesen
wir konn**ten**	… schreiben
ihr konn**tet**	… schwimmen
Sie konn**ten**	… spielen
sie konn**ten**	

Other modal verbs have the same endings as *können* in the imperfect tense.
They also lose the umlaut to make the stem:

müssen ➔ muss–	ich muss**te** (I had to)	+ infinitive verb at the end
dürfen ➔ durf–	ich durf**te** (I was allowed to)	

Ich **musste** im Klassenzimmer <u>bleiben</u>.   I had to stay in the classroom.
Wir **durften** <u>schwimmen</u>.   We were allowed to swim.

2 Complete the sentences in the imperfect tense, then translate them into English.
  1 Ich _____ mit fünf Jahren bis 100 zählen. (können)
  2 Er _____ mit sechs Jahren Rad fahren. (können)
  3 Ich _____ meinen Namen schreiben. (müssen)
  4 Wir _____ einen Handstand machen. (dürfen)
  5 Ich _____ nicht alleine in die Stadt gehen. (dürfen)

3 Translate the sentences into German.
  1 I could read at the age of 3.
  2 We had to count to 100.
  3 Lukas was allowed to swim.
  4 I was not allowed to play football.

Comparative adjectives

The comparative is formed by adding –er to the adjective.

laut ➜ lauter (louder)

freundlich ➜ freundlicher (more friendly)

Some adjectives also add an umlaut.

alt ➜ älter (older)

groß ➜ größer (bigger, taller)

The comparative form of gut is irregular:

gut ➜ besser (better)

> Use **als** (than) for comparing two things:
> Meine Sekundarschule ist **größer als** meine Grundschule.
> My secondary school is **bigger than** my primary school.

4 Complete the sentences with the comparative of the adjective in brackets, then translate them into English.

Example: **1** Ich bin älter als mein bester Freund. – I am older than my best friend.

1 Ich bin _____ als mein bester Freund. (alt)
2 Meine Grundschule war _____ . (bunt)
3 Die Klassenzimmer sind viel _____ . (groß)
4 Ich war _____ als meine Freundin. (sportlich)
5 Ich finde Deutsch _____ als Mathe. (einfach)
6 Meine Lehrer sind jetzt _____ . (interessant)

The superlative

Use the superlative to say that someone or something is 'the smallest', 'the most interesting', etc.
Add –ste to the adjective and start it with a capital letter.

klein ➜ der/die **Klein**ste (the smallest)

If the adjective ends in –t, add –este so it's easier to pronounce.

interessant ➜ der/die **Interessant**este (the most interesting)

Some adjectives also add an umlaut.

groß ➜ der/die **Größ**te (the tallest)

alt ➜ der/die **Ält**este (the oldest)

The superlative form of gut is irregular:

gut ➜ der/die **Beste** (the best)

> Remember, you need **der** for males and **die** for females.

5 Translate the sentences into German.

Example: **1** Sie war die Größte.

1 She was the tallest. (groß)
2 He was the strictest. (streng)
3 Max was the cheekiest. (frech)
4 Emma was the sportiest. (sportlich)
5 Niklas is the most intelligent. (intelligent)
6 Laura is the oldest. (alt)

6 Copy and complete the sentences.

Example: **1** Matti ist freundlich. Jakob ist freundlicher als Matti. Theo ist der Freundlichste!

1 Matti ist freundlich. Jakob ist _____ als Matti. Theo ist der _____ !
2 Olivia ist _____ , Larisa ist kleiner als Olivia, aber Martha ist die _____ !
3 Leila ist _____ . Katrin ist _____ als Leila. Thea ist die Intelligenteste!
4 Max ist groß, Boris ist _____ als Max und Markus ist der _____ !
5 Martha ist _____ , Thea ist älter, aber Olivia ist _____ _____ !
6 Theo ist frech, Max ist _____ als Theo, aber Jakob ist _____ _____ !

Wörter

Meine Kindheit • My childhood

Mit fünf Jahren ...	When I was five years old .../At the age of five ...
hatte ich ein tolles Rad.	I had a great bike.
hatte ich einen roten VW.	I had a red VW.
hatte ich eine schöne Puppe.	I had a beautiful doll.
hatte ich einen niedlichen Teddybären.	I had a cute teddy bear.
hatte ich einen kleinen Computer.	I had a small computer.
hatte ich einen bunten Fotoapparat.	I had a colourful camera.
hatte ich einen blauen Gokart.	I had a blue go-kart.
hatte ich eine gelbe Tasche.	I had a yellow bag.
hatte ich eine tolle Eisenbahn.	I had a great train set.
hatte ich ein weißes Jo-Jo.	I had a white yo-yo.
hatte ich ein altes Schaukelpferd.	I had an old rocking horse.
hatte ich viele Kuscheltiere.	I had lots of soft toys.
Das war meine Lieblingssache.	That was my favourite thing.
Er/Sie/Es war super.	It was super.
Jetzt spiele ich lieber am Computer.	Now I prefer to play on the computer.

Erinnerungen • Memories

Mit welchem Alter konntest du ...?	At what age could you ...?
Ich konnte mit sechs Monaten ...	At six months old I could ...
Ich konnte mit einem Jahr ...	At one year old I could ...
Ich konnte mit zwei Jahren ...	At the age of two I could ...
bis 20 zählen	count to 20
schwimmen	swim
meinen Namen schreiben	write my name
Rad fahren	ride a bike
laufen	walk
lesen	read
sprechen	talk
lächeln	smile
einen Handstand machen	do a handstand
die Uhr lesen	tell the time

Was durftest du machen? • What were you allowed to do?

Ich durfte ...	I was allowed ...
Ich durfte nicht ...	I was not allowed ...
alleine in die Schule gehen	to go to school on my own
alleine in die Stadt gehen	to go to town on my own
alleine ins Kino gehen	to go to the cinema on my own
Ich musste um 18 Uhr zu Hause sein.	I had to be home by 6 pm.
Ich musste um 19 Uhr ins Bett gehen.	I had to go to bed at 7 pm.
Ich musste zu Hause helfen.	I had to help at home.

Sekundarschule und Grundschule
• Secondary and primary school

In der Sekundarschule …	At secondary school …
In der Grundschule …	At primary school …
haben wir viele Hausaufgaben.	we have lots of homework.
hatten wir nicht viele Hausaufgaben.	we didn't have much homework.
müssen wir das Klassenzimmer wechseln.	we have to change classrooms.
mussten wir in einem Klassenzimmer bleiben.	we had to stay in one classroom.
ist das Essen in der Kantine schlecht.	the food in the canteen is bad.
war das Essen in der Kantine lecker.	the food in the canteen was tasty.
sind die Lehrer streng.	the teachers are strict.
waren die Lehrer freundlich.	the teachers were friendly.
dürfen wir kein Klassentier haben.	we're not allowed to have a class pet.
durften wir ein Klassentier haben.	we were allowed to have a class pet.
sind die Klassenzimmer langweilig.	the classrooms are boring.
waren die Klassenzimmer bunt.	the classrooms were colourful.
älter	older
besser	better
bunter	more colourful
freundlicher	friendlier
größer	bigger/taller
interessanter	more interesting
kleiner	smaller
langweiliger	more boring
lauter	louder
leckerer	tastier
schlechter	worse
strenger	stricter

Meine Klassenkameraden
• My classmates

Er war der …/Sie war die …	He/She was the …
Älteste	oldest
Beste	best
Bunteste	most colourful
Frechste	cheekiest
Freundlichste	friendliest
Größte	biggest/tallest
Intelligenteste	most intelligent
Interessanteste	most interesting
Kleinste	smallest
Langweiligste	most boring
Lauteste	loudest
Musikalischste	most musical
Schlechteste	worst
Sportlichste	sportiest
Strengste	strictest

Oft benutzte Wörter
• High-frequency words

hatte/hatten	had
war/waren	was/were
musste/mussten	had to
durfte/durften	was allowed to/were allowed to
durfte nicht/durften nicht	was not allowed to/were not allowed to
konnte/konnten	could
streng	strict
weit	far
in Ordnung	all right
gefährlich	dangerous
ängstlich	anxious, worried
gemein	mean

Projektzone
Mein Leben in Wort und Bild

▶ Discussing childhood memories
▶ Creating a 'baby book'

1 Lies das Baby-Buch und füll die Lücken aus.

Vor deiner Geburt

Du bist unterwegs – das wissen wir seit dem ① _____ Januar. Wir haben uns so gefreut!

Hier ist dein erstes Foto: ein Ultraschallbild vom 30. ② _____.

Das konnte man schon sehen: Kopf, Arme, ③ _____.

Was bist du – ein Junge oder ein Mädchen?
Mama meint: ein Junge
Papa glaubt: ein ④ _____

Wie wirst du vielleicht heißen?
Mädchennamen ☺ : ⑤ _____ Emilia, Lotte, Freja
Jungennamen ☺ : Benno, ⑥ _____, Felix, Oliver

0 bis 3 Jahre

Wann bist du geboren?
Am 6. September um 04.28 ⑦ _____.

Gewicht: 3,75 ⑧ _____

Hattest du Haare? Ja, hellbraune Haare
Wie war deine Augenfarbe? blau
Wann ist der erste Zahn gekommen?
Mit 17 ⑨ _____

Was hast du zum ersten Geburtstag bekommen?
Geld, 2 Teddybären, Kleidung, Spielsachen

Wann bist du in den Kindergarten gegangen?
Mit ⑩ _____ Jahren

Wer war dein bester Freund/deine beste Freundin?
Laura Hoffmeyer

| kg | drei | 22. | Beine | Florian | Mädchen | März | Sophie | Uhr | Wochen |

2 Lies das Baby-Buch noch mal. Wie heißt das auf Deutsch?
1 before your birth
2 on the way
3 an ultrasound picture
4 boys' names
5 the first tooth
6 nursery school

94 vierundneunzig

KAPITEL 4

3 Partnerarbeit. Diskutiere Namen.

Beispiel:
- *Woher kommt dein Name?*
- *Von meinem Vater / Von meiner Mutter.*
- *Hast du einen zweiten oder dritten Namen?*
- *Ja, (Harry / Harriette). / Nein, ich habe keinen zweiten oder dritten Namen.*
- *Wie findest du deinen Namen?*
- *Ich finde meinen Namen …*
- *Was ist dein Lieblingsname?*
- *Mein Lieblingsname ist …, weil …*

4 Hör dir das Interview mit Sven an und lies.

Zwei Minuten mit … Sven

Was ist deine erste Erinnerung?
Ich war zwei Jahre alt und ich war im Supermarkt, aber ich konnte meinen Vater nicht finden. Glücklicherweise ist nichts Schlimmes passiert, aber ich war gar nicht glücklich!

Wie war der Kindergarten für dich?
Ich bin mit drei Jahren in den Kindergarten gegangen und das hat viel Spaß gemacht. Wir haben viele Lieder gesungen. Mein Lieblingslied war „Alle meine Entchen". Wie schön!

Und wie war dein erster Schultag?
Toll! Meine Schultüte war die Größte – Bonbons, Schokolade, Schulsachen, Spielsachen … es war alles drin.

Was sind deine besten Erinnerungen von deiner Kindheit?
Hmm … es gibt so viele. Zum zehnten Geburtstag habe ich einen Hund bekommen. Das war so cool. Mein Hund, Falko, ist jetzt alt, aber er ist mein bester Freund!

erste Erinnerung = first memory
glücklicherweise ist nichts Schlimmes passiert = luckily nothing bad happened

Alle meine Entchen schwimmen auf dem See, Köpfchen in das Wasser, Schwänzchen in die Höh'.

5 Lies das Interview noch mal und beantworte die Fragen auf Englisch.
1 What is Sven's earliest memory?
2 Where did he learn a song about ducks?
3 What kind of things did he get on his first day at school?
4 What does he say about his dog?

6 Wähl **a** oder **b** aus.
a Mach ein Baby-Buch über deine Kindheit.
b Mach eine Präsentation am Whiteboard über deine Kindheit.

You could include:
- photos and pictures
- explanations and descriptions in German

and for a presentation:
- videos
- audio files (reading the text of the slides or additional material).

! Use exercise 1 to help you and look back at Units 1–4 for more ideas and inspiration. Bring in props and photos to add interest to your presentation, and remember to have fun!

fünfundneunzig **95**

KAPITEL 5 Rechte und Pflichten

1 Sieh dir die Karte und die Rekorde an. Wo ist das?

Quiz: Länderrekorde

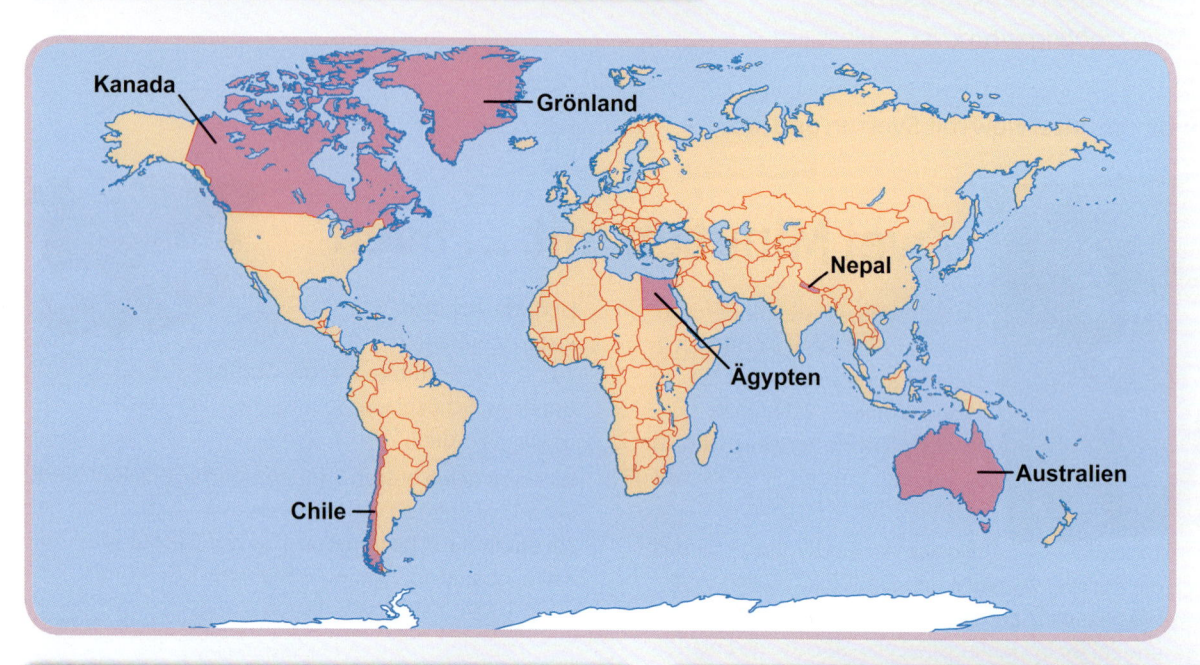

Kanada — Grönland — Nepal — Ägypten — Australien — Chile

1 Der höchste **Berg** ist der Mount Everest. Er ist in _____.

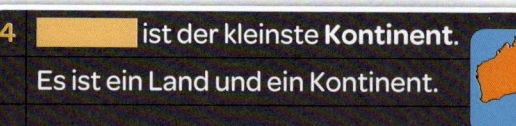

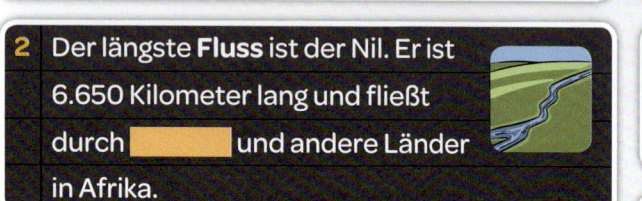

2 Der längste **Fluss** ist der Nil. Er ist 6.650 Kilometer lang und fließt durch _____ und andere Länder in Afrika.

3 Die größte **Insel** ist _____. Sie liegt in der Nähe von Kanada.

4 _____ ist der kleinste **Kontinent**. Es ist ein Land und ein Kontinent.

5 _____ hat die längste **Küste**. Sie ist 243.791 Kilometer lang.

6 Die trockenste **Wüste** ist die Atacamawüste in _____.

trocken (trockenste) = dry (driest)

KAPITEL 5

② Sieh dir die Fotos und die Titel an. Was passt zusammen?

Na so was! „Das Guinness-Buch der Rekorde"

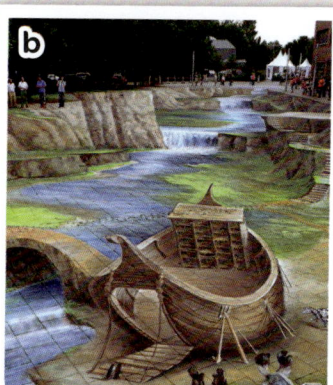

a b c
d e f

1 die längsten Fingernägel
2 der jüngste Schlagzeuger
3 der längste individuelle Tanzmarathon
4 die meistgepiercte Frau
5 das größte 3D-Straßenkunstwerk
6 der schnellste Mann

das Straßenkunstwerk = piece of street art

Kulturzone
Nach einer Studie ist Hamburg die glücklichste Stadt in Deutschland. Die Nordsee-Region war auf dem zweiten Platz und Bayern auf dem dritten Platz.

Nordsee-Region
Hamburg
Bayern

nach einer Studie = according to a study

siebenundneunzig **97**

1 Darf man das?

> Talking about age limits
> Using correct word order

1 Gruppenarbeit. Mit welchem Alter darf man das? Was ist deine Meinung?

Mit welchem Alter darf man in Deutschland … ?

- **a** einen Teilzeitjob haben
- **b** bis 24 Uhr in Discos oder Clubs bleiben 
- **c** die Schule verlassen 
- **d** Blut spenden 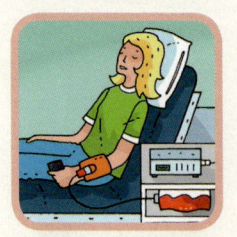
- **e** heiraten 
- **f** ein Piercing haben 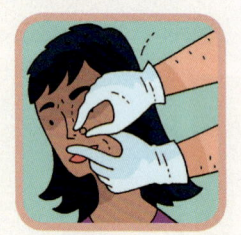
- **g** ein Mofa fahren 

Aussprache
Practise pronouncing the new language using the key sounds you've learned. For example:

*Bl**u**t* as in *B**u**ch*

*h**ei**raten* as in ***Ei**s*.

Note that the *j* in *Job* is pronounced as in English, not as in *Jo-Jo*.

Beispiel:
- ● Ich denke, man darf mit 14 Jahren in Deutschland einen Teilzeitjob haben.
- ■ Nein, ich denke, man darf mit 13 Jahren in Deutschland einen Teilzeitjob haben.
- ◆ Ja, ich denke, das ist richtig.

13 14 15 16 17 18 21

Remember to use some of your group talk phrases:
- **ich denke …** I think …
- **das ist richtig** that's right
- **das ist falsch** that's wrong

2 Hör zu. Was sind die Altersgrenzen in Deutschland? Schreib die Tabelle ab und füll sie auf Englisch aus. (1–7)

	Activity	Minimum age in Germany
1	have a part-time job	13

ein Nasenpiercing = nose piercing

Some age limits depend on whether there is parental consent:
mit Einwilligung der Eltern (with parental consent)
Man darf mit 16 Jahren mit Einwilligung der Eltern heiraten.
You are allowed to get married at the age of 16 with parental consent.

98 *achtundneunzig*

KAPITEL 5

3 Lies die Texte. Schreib den richtigen Namen auf.
Beispiel: **1** Jakob

Jakob (Deutschland): In Deutschland darf man mit sechzehn Jahren bis 24 Uhr in Discos oder Clubs bleiben. <u>Das finde ich toll.</u> Man darf mit achtzehn Jahren heiraten. <u>Das ist ganz in Ordnung.</u>

Max (Österreich): In Österreich darf man mit vierzehn Jahren Paintball spielen. <u>Das ist zu alt. Ich denke, mit zwölf Jahren ist besser.</u> Man darf auch mit vierzehn Jahren ein Nasenpiercing haben. <u>Das ist zu jung.</u>

Lena (Schweiz): In der Schweiz gibt es keine Altersgrenze für Paintball. <u>Das ist nicht gut</u>, weil Paintball gefährlich ist. Man darf mit achtzehn Jahren einen Lottoschein kaufen. <u>Ich denke, das ist richtig.</u>

Es gibt keine Altersgrenze. = There is no age limit. **gefährlich** = dangerous

Who …
1 thinks 18 is an acceptable minimum age to get married?
2 thinks 18 is the right minimum age to buy a lottery ticket?
3 would like a lower minimum age for playing paintball?
4 thinks it is necessary to have a minimum age for paintball?
5 thinks 14 is too young for a nose piercing?

Grammatik ▶ Page 112

In German sentences, the verb is **always** the second idea:

1st idea	2nd idea (verb)	other details
Ich	*fahre*	*ein Mofa.*
In England	*fahre*	*ich ein Mofa.*

When you have two verbs (e.g. a modal verb + infinitive), the modal verb is the second idea and the infinitive goes at the end:

In England   darf   ich ein Mofa fahren.
In England **I am allowed to ride** a moped.

4 Lies die Texte in Aufgabe 3 noch mal. Übersetze die <u>unterstrichenen</u> Sätze.
Beispiel: Das finde ich toll. – I find that great.

5 Gruppenarbeit. Sieh dir die Tabelle an. Diskutiere.
● *In England darf man mit 12 Jahren Paintball spielen.*
■ *Ja, ich denke, das ist richtig.*
● *Ich auch. Ich mag Paintball. Was denkst du?*
◆ *Ich denke, das ist zu jung. Mit 14 Jahren ist besser.*

	Paintball spielen 	einen Lottoschein kaufen 	ein Mofa fahren 
England	12	16	16
Deutschland	18	18	15
die Schweiz	–	18	14
Österreich	14	18	15

neunundneunzig **99**

2 Was ist dir wichtig?

> ▶ Discussing what is important to us
> ▶ More practice of word order after **weil**

1 Hör zu und sieh dir die Bilder an. Schreib die Tabelle ab und füll sie aus. (1–5)

Was ist dir wichtig?   Was ist dir nicht wichtig?

	wichtig	nicht wichtig
1	c	

a b c d e
f g h i

2 Gruppenarbeit. Was ist dir wichtig?

- Was ist dir wichtig?
- *Musik ist mir total wichtig. Und dir?*
- Meine Familie ist mir wichtig. Mode ist mir nicht wichtig.
- ◆ *Du spinnst! Mode ist mir sehr wichtig!*

Geld / Mode / Musik / Freizeit Meine Familie Mein Handy	ist mir	total extrem sehr	wichtig.
Gute Noten Meine Haustiere / Meine Freunde	sind mir	ziemlich nicht	

mir = to me
dir = to you

Mein Handy ist **mir** wichtig.
My mobile is important **to me**.

Was ist **dir** wichtig?
What is important **to you**?

3 Hör Andreas und Jana zu (1–2). Schreib die Tabelle ab und füll sie aus.

		das Wichtigste	sehr wichtig	ziemlich wichtig	nicht wichtig
1	Andreas	meine Freunde	Freizeit		
2	Jana				

To say that something is **the most important** thing to you, use the **superlative**.

Musik ist mir **das Wichtigste**.   Music is **the most important** thing to me.
Meine Freunde sind mir **das Wichtigste**.   My friends are **the most important** thing to me.

100 *hundert*

KAPITEL 5

4 Lies die Texte und sieh dir die Bilder an. Finde die richtigen Bilder für Stefan und Bella.
Beispiel: Stefan: a, …

Stefan: Mein Computer ist mir das Wichtigste. Ich suche oft Infos und mache Hausaufgaben am Computer. Gute Noten in der Schule sind mir sehr wichtig – ich möchte später Arzt werden. Meine Familie ist mir auch wichtig, weil sie mich glücklich macht. Musik ist mir auch sehr wichtig, weil ich in einer Band spiele.

Bella: Sport ist mir das Wichtigste, weil er Spaß macht. Ich möchte auch fit bleiben. Ich schlafe auch sehr gern, weil ich so oft trainiere. Ausschlafen am Sonntagmorgen ist mir sehr wichtig! Ich spiele gern mit meinem Hund, Dino. Er ist mir wichtig, weil er mein bester Freund ist.

ausschlafen = to have a lie-in

Grammatik ▶ Page 113
Remember that **weil** sends the verb to the end of the clause or sentence.

*Sport ist mir das Wichtigste. Er **macht** Spaß.* →
*Sport ist mir das Wichtigste, **weil** er Spaß **macht**.*

Re-read the texts in exercise 4. Find all the **weil** clauses and work out what each reason means.

5 Verbinde die zwei Sätze mit *weil*.
Beispiel: **1** Meine Familie ist mir wichtig, weil sie mich glücklich macht.
1. Meine Familie ist mir wichtig. Sie macht mich glücklich.
2. Mein Computer ist mir sehr wichtig. Ich mache Hausaufgaben am Computer.
3. Musik ist mir das Wichtigste. Ich singe in einer Band.
4. Rugby ist mir das Wichtigste. Es macht Spaß.
5. Meine Freundin Leila ist mir total wichtig. Sie ist meine beste Freundin.

6 Übersetze die Sätze ins Deutsche.
1. Fashion is not important to me.
2. Free time is quite important to me.
3. My friends are very important to me.
4. Music is extremely important to me because it makes me happy.
5. Having a lie-in is the most important thing to me because I train so often.

7 Was ist dir wichtig oder nicht wichtig? Warum?
Schreib fünf Sätze auf Deutsch.

hunderteins **101**

3 Ein neues Leben

> Comparing life now and in the past
> Understanding and using past, present and future tenses

1 Hör zu und lies. Sind die Sätze richtig oder falsch?

Ich heiße Moses. Ich wohne jetzt mit meiner Familie in Deutschland. Ich habe früher in Simbabwe, Afrika, gewohnt.

Mein Haus hier ist größer und moderner als mein altes Haus.

Es ist ziemlich kalt hier! Ich vermisse die Sonne, aber ich finde den Schnee toll, weil ich gern Ski fahre.

Ich finde die Schule schwierig. Meine Schule in Simbabwe war viel einfacher.

Fußball ist mir sehr wichtig. Früher habe ich jeden Tag mit meinen Freunden Fußball gespielt. Ich werde nächste Woche hier in der Schulmannschaft spielen!

Ich bin früher zu Fuß zur Schule gegangen. Jetzt fahre ich mit dem Bus zur Schule und das ist viel besser.

ich vermisse = I miss
die Schulmannschaft = the school team

1 Moses wohnt in Afrika.
2 Moses findet die neue Schule nicht einfach.
3 In Afrika ist Moses mit dem Bus zur Schule gefahren.
4 Moses fährt gern Ski.
5 Früher hat Moses oft mit Freunden Fußball gespielt.

2 Lies den Text noch mal. Schreib die Tabelle ab und zeichne 🙂 oder ☹ für jede Kategorie.

	früher	heute
Haus	☹	🙂
Schule		
Transport		
Wetter		
Sport		

Grammatik

Use the imperfect tense to say 'was'.

*Meine Schule in Simbabwe **war** viel einfacher.*
My school in Zimbabwe **was** a lot easier.

Use the perfect tense to talk about actions and events in the past.

*Ich **habe** in Afrika **gewohnt**.* I **lived** in Africa.

Just add *früher* to say what you 'used to' do.

*Ich habe **früher** in Afrika gewohnt.*
I **used to** live in Africa.

Find two sentences that include **früher** in exercise 1 and translate them into English.

You will need to draw a happy or sad face in every box in the table. In one box you will need to draw both.

102 *hundertzwei*

KAPITEL 5

3 Gruppenarbeit. Du bist Moses. Deine zwei Partner/Partnerinnen stellen dir die Fragen. Dann tauscht die Rollen.

Beispiel:
- Wo wohnst du jetzt?
- Ich wohne jetzt in Deutschland.

Fragen
- Wo wohnst du jetzt?
- Wo hast du früher gewohnt?
- Wie findest du die Schule in Deutschland?
- Wie war die Schule früher?
- Wie kommst du zur Schule?
- Was vermisst du?
- Was wirst du nächste Woche machen?

> Remember, to talk about the future you need to use part of **werden** and an infinitive, which goes at the end of the sentence.
>
> Was **wirst** du nächste Woche machen?
> What will you do next week?
>
> Ich **werde** Fußball spielen.
> I will play football.

4 Hör dir Marina an. Sieh dir die Bilder an. Was ist die richtige Reihenfolge?

Beispiel: e, ..., ...,

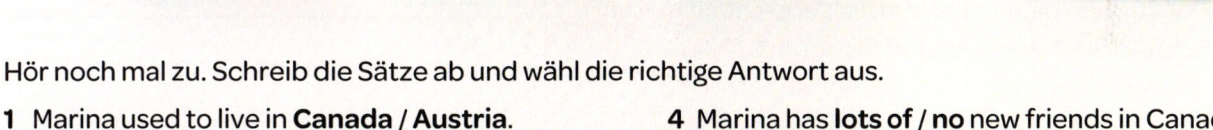

a b c d
e f g

5 Hör noch mal zu. Schreib die Sätze ab und wähl die richtige Antwort aus.

1. Marina used to live in **Canada** / **Austria**.
2. Marina's new house is **bigger** / **more modern**.
3. School in Austria was **easier** / **more difficult** than in Canada.
4. Marina has **lots of** / **no** new friends in Canada.
5. They didn't use to have any **dogs** / **pets**.
6. Marina **used to go** / **will go** snowboarding with her friends.

6 Sieh dir die Infos an. Beschreib dein neues Leben und vergleiche es mit deinem früheren Leben.

Beispiel:

Ich wohne jetzt mit meiner Familie in Australien. Ich habe früher in Österreich gewohnt ...

jetzt	früher
in Australien	in Österreich
Haus = modern	Haus = klein
Schule = einfach	Schule = schwierig
Wetter = sonnig, heiß	Wetter = ziemlich kalt
surfen	segeln
nächste Woche: mit Freunden windsurfen	

hundertdrei **103**

4 Eine bessere Welt

> ➤ Discussing how we can raise money for good causes
> ➤ Using a variety of modal verbs (*wir* form)

1 Hör zu und schreib den richtigen Buchstaben auf. (1–6)

Wie können wir Spenden sammeln?

a Wir können Autos waschen.

b Wir können einen Kuchenverkauf organisieren.

c Wir können einen Benefizlauf machen.

d Wir können ein gesponsertes Schweigen machen.

e Wir können eine Modenschau organisieren.

f Wir können ein Benefizkonzert organisieren.

2 Hör zu. Sieh dir die Bilder in Aufgabe 1 noch mal an. Schreib die Tabelle ab und füll sie aus. (1–4)

	Ideas (2)	Chosen idea
1	b, e	b

3 Gruppenarbeit. Sieh dir die Bilder noch mal an. Wie findest du diese Ideen?

● *Ich denke, ein gesponsertes Schweigen ist eine tolle Idee! Was denkst du?*

■ *Was? Das ist so langweilig! Ein Benefizlauf ist besser.*

◆ *Ja, aber das ist sehr anstrengend …*

Aussprache

Use your key sounds to help you pronounce the new language, e.g.

ein Benefizlauf has the **z** of **Z**ick**Z**ack

and the **au** of H**au**s.

> Here are some useful phrases to help you express your opinions:
>
> … *ist eine tolle Idee.*
> … *ist besser.*
> … *ist langweilig.*
> … *ist anstrengend.* (… is tiring.)
> … *macht Spaß.* (… is fun.)
> … *bringt mehr Geld.* (… raises more money.)

104 *hundertvier*

KAPITEL 5

4 Lies die Texte. Beantworte die Fragen auf Englisch.

> Schüler der 8. Klasse des Kaiser-Wilhelm-Gymnasiums organisieren das Projekt „24 Stunden – Aktion für eine bessere Welt". Sie organisieren Aktivitäten und sammeln Spenden.

GRUPPE 1 „Wir müssen eine bessere Welt machen! Wir können Spenden für unsere Partnerschule in Kenia sammeln. Wir können eine Modenschau organisieren oder Autos waschen, aber wir wollen dieses Jahr einen Kuchenverkauf organisieren. Das bringt mehr Geld. Wir werden 200 Euro sammeln."

GRUPPE 2 „Wir wollen ein Kind in Indien sponsern. Wir können so viele Aktivitäten machen. Dieses Jahr machen wir ein gesponsertes Schweigen. Wir dürfen den ganzen Tag nicht sprechen. Das ist aber so langweilig! Nächstes Jahr wollen wir eine Talentshow organisieren, weil das Spaß macht. Wir werden viele Spenden sammeln."

1 Who or what does Group 1 want to raise money for?
2 How does Group 1 want to raise money this year?
3 Why does Group 1 want to do this activity?
4 Which activity is Group 2 doing this year?
5 What is Group 2's opinion of this activity?
6 Which activity does Group 2 want to organise next year?

Grammatik
Page 113

Modal verbs are used with the infinitive of another verb, which goes at the end of the sentence. Modal verbs are useful because you only need to change one word to express a variety of meanings.

Wir	können	Autos waschen.	We can wash cars.
	müssen		We have to wash cars.
	dürfen		We are allowed to wash cars.
	wollen		We want to wash cars.

You can also use the future tense to say what you **will** do.

Wir **werden** Autos waschen.   We **will** wash cars.

5 Lies die Texte in Aufgabe 4 noch mal. Wie heißt das auf Deutsch?
1 We have to make a better world!
2 We will raise 200 euros.
3 We can do so many activities.
4 We are not allowed to speak for the whole day.
5 Next year we want to organise a talent show.
6 We will raise lots of funds.

6 Du organisierst eine Aktivität für das Projekt „24 Stunden – Aktion für eine bessere Welt". Schreib einen kurzen Bericht.

> Include the following details:
> - reason for the project (e.g. to raise money for partner school, to sponsor a child)
> - two ways you can raise money
> - your chosen fundraising plan – what you want to do and why
> - how much money you intend to raise.
>
> Don't forget to use a variety of modal verbs – look at exercise 4 for ideas.

hundertfünf **105**

5 Jeder kann was tun!
Speaking Skills

> ➤ Describing small changes that make a big difference
> ➤ Participating in a debate

1 Lesen
Sechs Tipps für den Alltag! Sieh dir die Bilder an. Was passt zusammen?
Beispiel: **1** d

Man kann …

1. umweltfreundliches Papier kaufen.
2. mit dem Rad zur Schule fahren.
3. einen Kapuzenpulli zu Hause tragen.
4. duschen statt baden.
5. Obst und Gemüse selbst kultivieren.
6. den Müll sortieren.

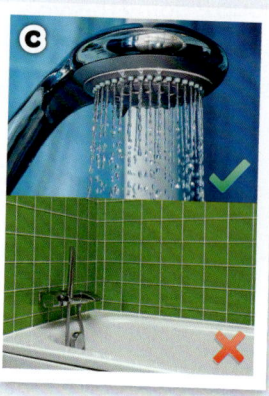

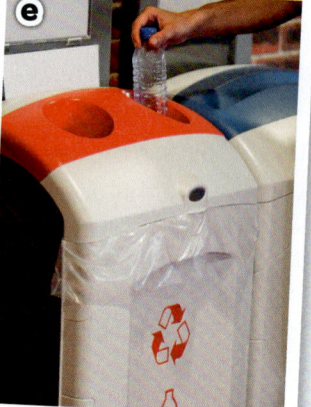

2 Hören
Hör zu und überprüfe. (1–6)

3 Sprechen
Partnerarbeit. Sieh dir deine Antworten (Aufgabe 1) an. Wie heißt das auf Englisch?
Beispiel:
- Foto a ist „Man kann einen Kapuzenpulli zu Hause tragen."
- 'You can wear a hoodie at home.' Foto b ist …

Aussprache
To improve your pronunciation, think about the key phonics sounds:

k**au**fen as in H**au**s

the **w** in **U**mwelt as in **W**ild**w**assersport.

4 Sprechen
Gruppenarbeit. Wie kann man einen Unterschied machen? Diskutiere.
How can you make a difference? Discuss.

Beispiel:
- Wie kann man einen Unterschied machen?
- Man kann mit dem Rad zur Schule fahren.
- Du spinnst! Das ist zu anstrengend!
- Man kann …

To take part in a conversation or debate, you need to be able to ask an initial question and then agree or disagree with other people's ideas and opinions.

🙂	☹
Ja, natürlich!	Du spinnst!
Das stimmt!	Das stimmt nicht!
Das ist eine tolle Idee!	Das ist zu anstrengend / schwierig.
Das ist wichtig.	Das ist nicht wichtig.

106 hundertsechs

KAPITEL 5

5 Lies die Texte und sieh dir die Bilder an. Was ist die richtige Reihenfolge?
Beispiel: **1** b, ...

TIPPS FÜR EINE BESSERE WELT!

1 Die Umwelt ist mir das Wichtigste! Man kann duschen statt baden, weil es Wasser spart. Man kann auch umweltfreundliches Papier kaufen, weil es Materialien recycelt. Früher bin ich jeden Tag mit dem Bus zur Schule gefahren, aber jetzt fahre ich mit dem Rad, weil es besser für die Umwelt ist.

2 Wir müssen eine bessere Welt haben. Ich habe viele Tipps. Zum Beispiel kann man den Müll sortieren, weil Recyceln sehr wichtig ist. Zu Hause kann man einen Kapuzenpulli tragen – das ist eine tolle Idee, weil es Energie spart. Man kann auch Obst und Gemüse selbst kultivieren, weil es die Transportkosten reduziert. Und es macht Spaß!

die Umwelt = the environment   **sparen (es spart)** = to save (it saves)

a   b   c   d   e   f

6 Lies die Texte in Aufgabe 5 noch mal und sieh dir die Bilder noch mal an. Was passt zusammen?
Beispiel: **1** c

1 ... weil es besser für die Umwelt ist.
2 ... weil Recyceln sehr wichtig ist.
3 ... weil es Wasser spart.
4 ... weil es die Transportkosten reduziert.
5 ... weil es Energie spart.
6 ... weil es Materialien recycelt.

7 Hör zu. Schreib die Tabelle ab und füll sie auf Englisch aus. (1–4)

	Name	Tip	Reason	Agree/Disagree?
1	Markus	ride bike to school	better for environment	

In a debate, you need to be able to justify your ideas and opinions, using **weil**. Remember that **weil** sends the verb to the end of the phrase or sentence.

8 Gruppenarbeit. Deine Gruppe führt eine Debatte. Präsentiere deine Tipps.

Man kann duschen statt baden.
Warum?
Weil es Wasser spart.
Das ist nicht so wichtig!

hundertsieben 107

Extension Reading Skills
6 Was ist Glück?

➤ Discussing what is important for happiness
➤ Reading and responding to authentic and literary texts

1 Hör zu und lies. Was für ein Text ist das? (1–5)

1 Was ist Glück?

Glück ist rosarot. Es schmeckt wie ein Erdbeereis mit Sahne. Und riecht wie frische Erdbeermarmelade.

(Daniela, 3. Klasse der Grundschule Grafendorf)

2 Was macht mich glücklich? Ich bin glücklich wenn die Sonne scheint, wenn ich mit Freunden zusammen bin, wenn ich in den Urlaub fahre … Und du?

3 Glück ist lernbar! Es ist offiziell. Man kann sich das Glück selbst schaffen.

4 „Das Glück ist ein Wie, kein Was; ein Talent, kein Objekt."

(Hermann Hesse 1877–1962)

5 Du bist mein Glück, groß wie ein Planet
Du bist die Sonne, die niemals untergeht
Du bist mein Mond, der meine Nacht erhellt
Du bist mein Stern, der nie vom Himmel fällt

es schmeckt = it tastes
schaffen = to create

a online chat
b children's poem
c song lyrics
d newspaper headline
e saying

Reading for gist helps you to get an overall idea of a text. Don't worry if there are unfamiliar words – use the visual clues (font, text layout and pictures) to help you. Can you identify the common theme of these texts?

2 Lies die Texte noch mal. Wie heißt das auf Deutsch?

1 happiness
2 strawberry ice cream
3 the sun
4 holiday
5 a 'how' not a 'what'
6 my moon
7 my star
8 sky

3 Lies die Texte noch mal. Welcher Text ist das?

a Happiness is a person.
b Happiness is being with friends.
c You can eat happiness.
d Happiness is not something you possess.
e You can learn happiness.

Reading for detail involves paying closer attention to individual words and sentences.

- Break down longer words to decode their meaning:
  Erdbeermarmelade ➔ *Erdbeer* + *Marmelade*

- Look carefully at the words surrounding the unfamiliar word. E.g. *Und **riecht** wie frische Erdbeermarmelade*. What could 'riecht' mean? Think about your senses: 'And **smells** like fresh strawberry jam.'

- Remember that German word order is different. You often need to look to the end of the phrase to find the verb. E.g. *wenn ich mit Freunden zusammen **bin*** (literally 'when I with friends together **am**').

KAPITEL 5

4 Lies das Lied. Wie heißen die Jahreszeiten auf Deutsch? Schreib sie auf.
Read the song. What are the seasons called in German? Write them down.
Beispiel: **1** spring = …

Ich liebe den Frühling

1 Ich lieb' den Frühling,
Ich lieb' den Sonnenschein.
Wann wird es endlich
mal wieder Sommer sein?
Schnee, Eis und Kälte
müssen bald vergehen.
Dum da di da di, da di,
da di da di da di

3 Ich lieb' die Herbstzeit,
stürmt's auf dem Stoppelfeld.
Drachen, die steigen,
hoch in das Himmelszelt.
Blätter, die fallen
von dem Baum herab.
Dum da di da di, da di,
da di da di da di

2 Ich lieb' den Sommer
Ich lieb' den Sand, das Meer,
Sandburgen bauen
und keinen Regen mehr.
Eis essen,
Sonnenschein,
so soll es immer sein.
Dum da di da di, da di,
da di da di da di

4 Ich lieb' den Winter,
wenn es dann endlich schneit,
hol' ich den Schlitten,
denn es ist Winterzeit.
Schneemann bauen,
Rodeln gehen,
ja, das find' ich schön.
Dum da di da di, da di,
da di da di da di

Volkslied (gleiche Melodie wie 'I like the flowers')

5 Lies das Lied noch mal und sieh dir die Bilder an. Welche Bilder passen zu jeder Strophe?
Which pictures correspond to each verse?
Beispiel: **1** c, …

Don't forget to use the reading strategies you have practised to help you work out the meaning of unfamiliar words. If you need to, refer to a dictionary but don't accept the first definition you find. Try each option out in the sentence until it sounds right.

6 Lies das Lied noch mal und dann lies die Sätze. Welche Jahreszeit ist das?
Beispiel: **1** Frühling und Sommer

1 Es ist sonnig. (2)
2 Man kann im Sand spielen.
3 Es ist windig.
4 Es regnet nicht.
5 Man spielt im Schnee.
6 Man kann Drachen steigen lassen.

Drachen steigen lassen = to fly kites

7 Übersetze Zoës Blog ins Englische.

Frühling macht mich glücklich. Ich mag die Sonne und die Farben – gelb und orange. Ich liebe den Frühling, weil es warm ist. Man kann Rad fahren und Tennis spielen. Letzten Frühling habe ich jeden Tag mit Freunden im Park gespielt. Nächsten Frühling werde ich segeln gehen! Ja, Glück ist Frühling!

8 Was macht dich glücklich? Was ist deine Lieblingsjahreszeit?
Schreib ein paar Sätze. Zur Hilfe sieh dir Aufgabe 7 an.

hundertneun **109**

Lernzieltest

I can…

1

• say what the age limits are in different countries	In Deutschland darf man mit 15 Jahren ein Mofa fahren.
• compare age limits and give my opinion	In Österreich darf man mit vierzehn Jahren Paintball spielen. Das ist zu alt. Ich denke, mit zwölf Jahren ist besser.
■ use correct word order (with the verb as second idea)	In Deutschland **darf** man mit sechzehn Jahren bis 24 Uhr in Discos oder Clubs bleiben.
⚡ use my knowledge of key sounds to help with pronunciation	Bl**u**t h**ei**raten
⚡ use conversational strategies, e.g. giving opinions, agreeing and disagreeing	Ich denke, das ist richtig. Das ist zu jung.

2

• discuss what is important and not important to me	Was ist dir wichtig? Musik ist mir total wichtig, aber Geld ist mir nicht wichtig.
• justify my opinions	Musik ist mir wichtig, weil sie mich glücklich macht.
■ use the superlative to say what the most important thing is	Musik ist mir **das Wichtigste**.
■ give a variety of reasons, using *weil*	Sport ist mir sehr wichtig, **weil** er Spaß macht.

3

• compare life now and in the past	Ich wohne jetzt in Deutschland. Ich habe früher in Afrika gewohnt.
• add *früher* to a sentence to say what I 'used to' do	**Früher** habe ich jeden Tag mit meinen Freunden gespielt.
■ use a range of verbs in the present and past tenses	Ich **bin** früher zu Fuß zur Schule **gegangen**. Jetzt **fahre** ich mit dem Bus zur Schule und das **ist** viel besser.
■ use the future tense to say what I will do in the future	Ich **werde** nächste Woche in der Schulmannschaft **spielen**.

4

• talk about how we can raise money	Wir können Autos waschen.
• respond to ideas and express my opinions	Was? Das ist so langweilig! Ein Benefizlauf ist besser.
■ use a variety of modal verbs in the first person plural form (*wir*)	Wir **wollen** ein Benefizkonzert organisieren, aber wir **dürfen** es nicht.
■ use the future tense to express intentions	Wir **werden** 200 Euro **sammeln**.

5

⚡ use my knowledge of key sounds to pronounce written language accurately	k**au**fen **Um**welt
⚡ take part in a debate by asking an initial question and agreeing or disagreeing with other people's ideas	- Wie kann man einen Unterschied machen? - Man kann mit dem Rad zur Schule fahren. - Du spinnst! Das ist zu anstrengend!
⚡ justify my opinions, using *weil*	Man kann duschen statt baden, weil es Wasser spart.

6

⚡ read a text for gist to get an overall idea of its style and theme	
⚡ use word- and sentence-level strategies to decode unfamiliar language	Erdbeermarmelade ➔ Erdbeer + Marmelade

110 hundertzehn

Wiederholung

KAPITEL 5

1 Hör Ellis zu. Schreib die Tabelle ab und füll sie auf Englisch aus.

	now	previously
country	Switzerland	
opinion		
age limits		no age limit for piercings
school	allowed to wear jeans	
home		
sport	skiing	

2 Partnerarbeit. Sieh dir die Bilder an und diskutiere.

Beispiel:
- Was ist dir wichtig?
- *Musik ist mir wichtig.*
- Warum?
- *Weil es Spaß macht. Ich spiele in einer Band und …*

3 Lies den Brief. Welches Wort fehlt? Füll die Lücken aus.

Wir haben am Montag einen Artikel über **1** Südamerika gelesen. Die Experten denken, wir können alle eine bessere Welt machen. Das ist eine gute Idee, weil es **2** _____ macht.

Wir wollen ein **3** _____ in Ecuador sponsern. Meine Freunde und ich werden ein **4** _____ „Eine bessere Welt" organisieren. Wir dürfen **5** _____ waschen oder einen Kuchenverkauf **6** _____ . Wir müssen 240 Euro **7** _____ . Wir müssen also auch andere **8** _____ haben.

Kannst du mir **9** _____ ? Wie können wir Spenden sammeln? Hast du Pläne für ein Projekt dieses Jahr? Warum machst du das? Hast du in der Schule eine Spenden-Aktion schon gemacht?

LG
Andreas

eine Spenden-Aktion = a fundraising project

Autos · sammeln · ~~Südamerika~~ · helfen · Spaß · Kind · Ideen · Projekt · organisieren

Give Andreas lots of ideas about fundraising. Look at Unit 4 for support.

4 Schreib eine Antwort an Andreas. Beantworte seine Fragen.

Beispiel:

Wir können viele Aktivitäten machen, zum Beispiel (ein gesponsertes Schweigen) oder …
Wir wollen dieses Jahr (eine Modenschau) organisieren, weil …
Wir werden (Spenden für unsere Partnerschule in Tansania) sammeln.
Letztes Jahr haben wir (ein Benefizkonzert) organisiert, das war …

hundertelf **111**

Grammatik

Word order: verb as second idea

In German, the verb is **always** the second idea in a sentence:

1st idea	2nd idea (verb)	other details	
Ich	spiele	Paintball.	I **play** paintball.

If the sentence begins with something else (e.g. a place phrase or a time phrase), the verb still has to be in second position:

1st idea	2nd idea (verb)	other details	
In Österreich	spiele	ich Paintball.	In Austria I **play** paintball.
Am Wochenende	spiele	ich Paintball.	At the weekend I **play** paintball.

When you have two verbs (e.g. a modal verb + infinitive), the first verb (the *Hilfsverb*) must be the second idea and the infinitive goes at the end of the sentence:

1st idea	2nd idea (verb)	other details	
In Österreich	darf	man Paintball **spielen**.	In Austria you **are allowed to play** paintball.
Am Wochenende	darf	man Paintball **spielen**.	At the weekend you **are allowed to play** paintball.

1 Write the sentences with the correct word order, beginning with the underlined phrase.

Example: **1** In England spiele ich Paintball.

1. spiele | In England | ich | Paintball
2. Rad | fahre | Am Wochenende | ich
3. man | einen | Teilzeitjob | In Deutschland | darf | haben
4. Mit 15 Jahren | man | darf | fahren | ein | Mofa
5. darf | In Deutschland | heiraten | mit 18 Jahren | man
6. mit 16 Jahren | man | In England | Schule | darf | die | verlassen

2 Write sentences using the information in the table.

Example: **1** In England darf man mit 18 Jahren heiraten (oder mit 16 Jahren mit Einwilligung der Eltern).

	heiraten	ein Nasenpiercing haben	einen Lottoschein kaufen	ein Mofa fahren
England	18 (16 mit Einwilligung der Eltern)	0	16	16
Deutschland	18 (16 mit Einwilligung der Eltern)	18 (16 mit Einwilligung der Eltern)	18	15

1. in England – heiraten
2. in Deutschland – ein Nasenpiercing haben
3. in England – einen Lottoschein kaufen
4. in England – ein Mofa fahren
5. in Deutschland – einen Lottoschein kaufen
6. in Deutschland – heiraten

KAPITEL 5

Word order with conjunctions: *weil*

Weil (because) is a conjunction that sends the verb to the end of the sentence or clause.

Mein Computer ist mir wichtig. Ich mache Hausaufgaben am Computer.
➜ *Mein Computer ist mir wichtig, **weil** ich Hausaufgaben am Computer **mache**.*

My computer is important to me, because I do homework on the computer.

3 Rewrite each pair of sentences as one sentence, joining them with *weil*.
  1. Mein Computer ist mir wichtig. Ich spiele gern Computerspiele.
  2. Musik ist mir wichtig. Ich spiele in einer Band.
  3. Mein Hund ist mir wichtig. Er ist mein bester Freund.
  4. Meine Familie ist mir wichtig. Sie macht mich glücklich.
  5. Gute Noten sind mir wichtig. Ich bin intelligent.
  6. Fußball ist mir nicht wichtig. Ich bin nicht sportlich.

4 Translate the sentences into German.
  1. Sport is important to me because it is fun.
  2. Music is important to me because I play the piano.
  3. Oliver is important to me because he is my best friend.
  4. Good grades are important to me because I like school.
  5. Fashion is not important to me because I don't have much money.

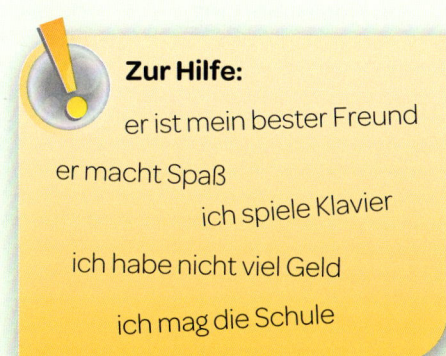

Zur Hilfe:
er ist mein bester Freund
er macht Spaß
ich spiele Klavier
ich habe nicht viel Geld
ich mag die Schule

Modal verbs: *können, müssen, dürfen, wollen*

Modal verbs are used with the infinitive of another verb, which goes at the end of the sentence.
Modal verbs are very useful because you only need to change one word to express a variety of meanings.

Wir	können	einen Benefizlauf organisieren.	We can organise a charity run.
	müssen		We have to organise a charity run.
	dürfen		We are allowed to organise a charity run.
	wollen		We want to organise a charity run.

You can also use the future tense to say what you **will** do.

Wir **werden** einen Benefizlauf organisieren.   We **will** organise a charity run.

5 Translate the sentences into English.
  1. Wir müssen eine bessere Welt machen!
  2. Wir dürfen eine Modenschau organisieren.
  3. Wir können ein Kind in Afrika sponsern.
  4. Wir wollen viele Spenden sammeln.
  5. Wir werden nächstes Jahr eine Talentshow organisieren.
  6. Wir dürfen nicht sprechen.

6 Rewrite the sentences in exercise 5, changing the modal verb to a different verb each time. Translate your sentences into English.
  Example: **1** Wir **werden** eine bessere Welt machen!   We will make a better world!

hundertdreizehn **113**

Wörter

Mit welchem Alter darf man das? • At what age are you allowed to do that?

Man darf mit (sechzehn) Jahren …	At the age of (16) you are allowed to …
einen Teilzeitjob haben	have a part-time job
Blut spenden	give blood
ein Piercing haben	have a piercing
ein Nasenpiercing haben	have a nose piercing
bis 24 Uhr in Discos oder Clubs bleiben	stay out at discos or clubs until midnight
die Schule verlassen	leave school
ein Mofa fahren	ride a moped
heiraten	get married
einen Lottoschein kaufen	buy a lottery ticket
Paintball spielen	go paintballing
mit Einwilligung der Eltern	with parental consent
Es gibt keine Altersgrenze.	There is no age limit.

Was ist dir wichtig? • What is important to you?

meine Familie	my family
mein Handy	my mobile phone
mein Computer	my computer
mein Hund	my dog
Geld	money
Mode	fashion
Musik	music
Freizeit	free time
Sport	sport
Ausschlafen	Having a lie-in
… ist mir das Wichtigste.	… is the most important thing to me.
… ist mir wichtig.	… is important to me.
… ist mir nicht wichtig.	… is not important to me.
gute Noten	good grades
meine Haustiere	my pets
Meine Freunde	My friends
… sind mir das Wichtigste.	… are the most important thing to me.
… sind mir wichtig.	… are important to me.

Ich denke … • I think …

Ich denke, das ist richtig.	I think that is right.
Ich denke, das ist falsch.	I think that is wrong.
Das finde ich toll.	I find that great.
Das ist ganz in Ordnung.	That is acceptable/OK.
Ich denke, mit (zwölf) Jahren ist besser.	I think (at) the age of (12) is better.
Das ist zu alt.	That's too old.
Das ist zu jung.	That's too young.
Das ist nicht gut.	That's not good.

Warum ist dir das wichtig? • Why is it important to you?

(Musik) ist mir wichtig, weil …	(Music) is important to me because …
sie mich glücklich macht	it makes me happy
es Spaß macht	it's fun
ich in einer Band spiele	I play in a band
ich oft trainiere	I train often
er mein bester Freund ist	he is my best friend
Ich suche oft Infos und mache Hausaufgaben am Computer.	I often search for information and do my homework on the computer.
Ich möchte Arzt werden.	I would like to become a doctor.
Ich möchte fit bleiben.	I would like to keep fit.

Ein neues Leben • A new life

Ich wohne jetzt in …	I now live in …
Ich habe früher in … gewohnt.	I used to live in …
Mein Haus hier ist …	My house here is …
Mein Haus in … war …	My house in …. was …
Ich finde die Schule hier …	I find the school here …
Die Schule in … war …	The school in … was …
Jetzt fahre ich (mit dem Bus) zur Schule.	Now, I go to school (by bus).
Ich bin früher zu Fuß zur Schule gegangen.	I used to walk to school.
Hier ist jeder Tag (sonnig und heiß).	Here, every day is (sunny and hot).
Ich vermisse (die Sonne).	I miss (the sun).
Früher war es oft (kalt) …	Before, it was often (cold) …
Nächste Woche werde ich …	Next week, I will …

Wie können wir Spenden sammeln? • How can we raise money?

Wir können …	We can …
Autos waschen	wash cars
einen Kuchenverkauf organisieren	organise a cake sale
einen Benefizlauf machen	do a charity run
ein gesponsertes Schweigen machen	do a sponsored silence
eine Modenschau organisieren	organise a fashion show
ein Benefizkonzert organisieren	organise a charity concert
Wir dürfen …	We are allowed to …
Wir dürfen nicht …	We are not allowed to …
Wir müssen …	We have to …
Wir wollen …	We want to …
Wir werden …	We will …
ein Kind sponsern	sponsor a child
Spenden sammeln	raise money
100 Euro sammeln	raise 100 euros

Eine bessere Welt • A better world

Man kann …	You can …
umweltfreundliches Papier kaufen	buy environmentally friendly paper
mit dem Rad zur Schule fahren	go to school by bike
einen Kapuzenpulli zu Hause tragen	wear a hoodie at home
duschen statt baden	take a shower instead of a bath
Obst und Gemüse selbst kultivieren	grow your own fruit and vegetables
den Müll sortieren	sort the rubbish
weil es besser für die Umwelt ist	because it is better for the environment
weil Recyceln wichtig ist	because recycling is important
weil es Wasser spart	because it saves water
weil es die Transportkosten reduziert	because it reduces transport costs
weil es Energie spart	because it saves energy
weil es Leute glücklich macht	because it makes people happy
weil es Materialien recycelt	because it recycles materials
… ist eine tolle Idee	… is a great idea
… ist besser	… is better
… ist langweilig	… is boring
… ist anstrengend	… is tiring
… macht Spaß	… is fun
… bringt mehr Geld	… raises more money

Oft benutzte Wörter • High-frequency words

jetzt	now
früher	before/previously
mit	with
ohne	without
jung	young
alt	old
wichtig	important
nicht wichtig	not important

Projektzone 1
Rekorde

› Exploring world records and unusual facts
› Comparing facts and figures

1 Gruppenarbeit. Sieh dir die Bilder an und vergleiche sie.
Beispiel: **1**
- Die Karotte ist sechs Meter lang.
- Ja, ich denke auch. Und die Schlange ist dreißig Meter lang.
- Nein, quatsch! Die Schlange ist sieben Meter lang.
- Ja, das stimmt. Das Auto ist dreißig Meter lang.

1 Wie lang sind sie?
- die Schlange
- 30 m
- 7 m
- 6 m
- das Auto
- die Karotte

2 Wie groß sind sie?
- der Chihuahua
- 28 cm
- 38 cm
- 23 cm
- der Affenpinscher
- der King Charles Spaniel

3 Wie dünn sind sie?
- das Handy
- 25 mm
- 8 mm
- 18 mm
- der Fernseher
- der Laptop

4 Wie schwer sind sie?
- 900 kg
- 6500 kg
- 1600 kg
- die Giraffe
- der afrikanische Elefant
- der Ochse

2 Hör zu und überprüfe. (1–4)
Beispiel: **1** die Karotte: 6 m; die Schlange: …

Measurements are cognates in German:
der Meter = metre   *der Millimeter* = millimetre
der Zentimeter = centimetre   *der Kilo* = kilo(gram)

The plural forms are the same as the singular, e.g.
5 Meter, 200 Zentimeter.

116 *hundertsechzehn*

KAPITEL 5

3 Lies die Texte über Rekorde. Welche Bilder passen zu jedem Text?

1 **Kazuhiro Watanabe** kommt aus Japan. Seine Haare sind fast hundertvierzehn Zentimeter lang. Er hat den höchsten Irokesenschnitt der Welt.

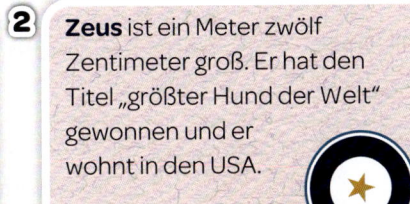

2 **Zeus** ist ein Meter zwölf Zentimeter groß. Er hat den Titel „größter Hund der Welt" gewonnen und er wohnt in den USA.

3 **Bettina Dorfmann** hat die größte Barbiesammlung der Welt. Sie hat fünfzehntausend Barbies. Sie wohnt in Deutschland und sammelt seit 1993 Barbiepuppen.

a, b, c (1,12 m), d (15.000), e, f, g, h, i (114 cm)

4 Lies die Texte. Wie heißt das auf Deutsch?

1 **Johanna Quaas** ist Deutschlands fitteste Oma. Sie ist 89 Jahre alt und die älteste Turnerin der Welt. Man kann auf YouTube ein Video von der aktiven Oma sehen. Ihr Video hat weit über fünf Millionen Hits gehabt. Quaas sagt, „Ich möchte für andere ein Vorbild sein."

2 **Marcel Gurk** ist Fußball-Akrobat und er macht viele Tricks. Mit 15 Jahren hat er einen neuen Rekord aufgestellt. Marcel hat einen Fußball 53 Mal in einer Minute in die Luft geköpft und wieder im Nacken gefangen. Es war früher sein Hobby, aber jetzt hat Marcel einen Job als 'Fußball-Freestyler'.

1 fittest grandma
2 the oldest gymnast
3 far more than
4 role model
5 has set a new record
6 times
7 into the air
8 caught

geköpft = headed
im Nacken = in his neck

5 Wähl einen Rekord von Aufgabe 4 aus. Übersetze ihn ins Englische für das nächste „Guinness-Buch der Rekorde".
Choose a record from exercise 4. Translate it into English for the next Guinness Book of World Records.

Das „Guinness-Buch der Rekorde" ist seit 1955 die wichtigste Sammlung von Rekorden. Es gibt Rekorde aus vielen Kategorien, zum Beispiel:

- Natur
- der Körper
- Kunst und Medien
- Sport und Spiele

hundertsiebzehn **117**

Projektzone 2
Ländersteckbriefe

> ➤ Exploring countries in detail
> ➤ Creating your perfect country

1 Hör zu und lies. Sieh dir die Details in der Tabelle an. Sind die Details richtig oder falsch?
Beispiel: **a** richtig

a	continent	south-west Europe
b	bordering countries	France and Switzerland
c	capital city	Andorra la Vella
d	population	82,000
e	languages	Catalan, Spanish, Dutch, French
f	life expectancy	87 years for men and 81 years for women
g	landscape	mountainous
h	climate	warm summers, cold winters

ANDORRA

Andorra ist ein kleines Land in Südwesteuropa. Es hat zwei Nachbarländer: Frankreich und Spanien. Die Hauptstadt ist Andorra la Vella. 82.000 Menschen wohnen in Andorra.

Katalanisch ist die offizielle Sprache. Viele Leute sprechen dort auch Spanisch, Portugiesisch und Französisch.

Andorra hat die höchste Lebenserwartung der Welt: 87 Jahre für Frauen, 81 Jahre für Männer.

Andorra liegt in den Pyrenäen und hat eine bergige Landschaft. Andorra hat ein typisches Bergklima: warme Sommer und kalte Winter mit viel Schnee. Andorra ist für Wintersport sehr beliebt.

2 Lies den Text (Aufgabe 1) noch mal. Korrigiere die falschen Details.

3 Lies den Text (Namibia) und beantworte die Fragen auf Deutsch.
Beispiel: **1** Namibia liegt in Südwestafrika.

1. Wo liegt Namibia?
2. Welche Nachbarländer hat es?
3. Was ist die Hauptstadt?
4. Wie viele Menschen wohnen dort?
5. Welche Sprachen spricht man dort?
6. Was ist die Lebenserwartung?
7. Wie ist die Landschaft?
8. Wie ist das Klima?

NAMIBIA

Namibia liegt in Südwestafrika und hat vier Nachbarländer: Angola, Botswana, Südafrika und Sambia. Die Hauptstadt ist Windhoek. Zwei Millionen Menschen wohnen in Namibia.

Die offizielle Sprache ist Englisch, aber man spricht auch Afrikaans, Oshivambo, Otjiherero, Nama, Damara und Deutsch.

Namibia hat eine Lebenserwartung von 64 Jahren.

Namibia hat eine trockene Landschaft, besonders in der Wüste. Es ist ein sonniges Land mit 300 Sonnentagen pro Jahr. Im Winter sinken die Temperaturen nicht oft unter 20 Grad.

die Wüste = desert

KAPITEL 5

4 Partnerarbeit. Sieh dir die Insel an und beschreib sie.
Beispiel:
- Die Insel heißt Mala.
- Mala hat zwei Nachbarländer, Aquaboro und …

fantastische Tiere • viele Berge • den tropischen Regenwald

AQUABORO • MALA • NASSAU

viele Seen • die Küste • das Meer • schöne Nationalparks

5 Gruppenarbeit. Du hast eine Insel! Beschreib dein perfektes Land. Schreib eine Präsentation.

> Try the 80–20 rule: 80% of your language should be adapted from what you have learned in class (look back at earlier units). The remaining 20% could be based on your own research (e.g. websites about holiday islands). This will add interest and originality to your work.

Zur Hilfe
- *Die Insel heißt …*
- *Sie hat … Nachbarländer: … und …*
- *Die Hauptstadt ist …*
- *… Menschen wohnen in Mala.*
- *Die Lebenserwartung ist … Jahren für Frauen und … Jahren für Männer.*
- *Es gibt viele verschiedene Landschaften: (Küste / Meer / tropischen Regenwald / Berge).*
- *Die Insel hat (schöne Nationalparks / viele Seen / fantastische Tiere).*
- *Mala hat ein (sonniges / warmes / tropisches) Klima.*
- *Das Wetter ist normalerweise …*
- *Auf Mala ist / sind (Familie / Geld / Freunde) das Wichtigste.*
- *… ist / sind auch wichtig.*
- *… ist / sind nicht wichtig.*

6 Gruppenarbeit. Mach eine Präsentation über dein Land. Die Klasse stellt Fragen aus Aufgabe 3.

hundertneunzehn **119**

1 EXTRA A

Vorbilder

1 Wie heißt das auf Englisch? Schreib die Eigenschaften richtig auf und finde die Paare.
Beispiel: **1** begabt – talented

1 bagbet   2 cheri   3 echorefgirl   4 slugit   5 hümbert   6 neligirol

funny   original   talented   famous   successful   rich

2 Was passt zusammen? Vorsicht! Drei Bilder haben keinen Text.
Beispiel: **1** c

1 Ich habe ein Auge, zwei Arme und drei Beine.
2 Ich habe vier Ohren, aber nur einen Kopf.
3 Ich habe einen großen Bauch, aber einen kleinen Mund.
4 Ich habe vier Füße – das ist sehr praktisch.
5 Ich habe eine lange Nase und große Augen.
6 Ich habe drei Arme und Hände und ein kurzes Bein.

3 Schreib Sätze für die drei übrigen Bilder aus Aufgabe 2.
Write sentences for the three pictures from exercise 2 that are left over.

4 Schreib die Sätze richtig auf. Was passt zusammen?
Beispiel: **1** Sie hat mit Kindern gearbeitet. – c

1 Sie mit gearbeitet Kindern hat .
2 gebrochen Ich Arm habe den mir .
3 Preise viele Du hast gewonnen .
4 Krankenhaus gekommen bin Ich ins .
5 einen Er gehabt hat Unfall .
6 Bist Afrika gefahren du nach ?

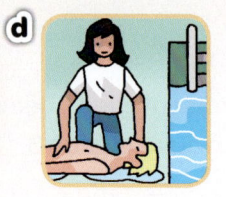

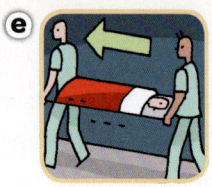

120 hundertzwanzig

Vorbilder

EXTRA B 1

1 Finde die Paare.
Beispiel: 1 b

1 from head to toe.
2 I've had it up to here!
3 Break a leg! (Good luck!)
4 shoulder to shoulder
5 Hands up!
6 Thumbs up!

a Hände hoch!
b von Kopf bis Fuß
c Schulter an Schulter
d Ich hab' die Nase voll!
e Daumen hoch!
f Hals- und Beinbruch!

2 Schreib Sätze über die vier Vorbilder.
Beispiel: 1 Markus liest so gut. Er ist mein Vorbild, weil er …

1 **Markus** reads well, interesting
2 **Anna** drives fast, successful, rich
3 **Ralf** famous, plays tennis well, energetic
4 **Sara** sings well, funny

3 Lies das Forum und die Sätze (1–6). Richtig oder falsch?

Gute Zeiten, schlechte Zeiten! Was ist diese Woche passiert?

Ahmed Diese Woche ist nicht gut gegangen! Ich bin am Montag vom Skateboard gefallen und habe mir den Arm gebrochen.

Laura Am Sonntag habe ich eine Medaille beim Radfahren gewonnen. Toll, nicht? Aber was ist dann passiert? Ich habe zu Hause einen Unfall gehabt und habe mir das Bein verletzt. So was!

Georg Mir geht's auch nicht so gut. Ich habe gestern Fußball gespielt und habe mir den Fuß verletzt. Ich bin ins Krankenhaus gekommen und jetzt kann ich nicht spielen. Furchtbar!

1 Ahmed hat eine gute Woche gehabt.
2 Ahmed hat sich das Bein gebrochen.
3 Laura ist am Sonntag Rad gefahren.
4 Laura ist später nach Hause gegangen.
5 Georg hat sich den Fuß im Krankenhaus verletzt.
6 Georg spielt heute Fußball.

4 Schreib über deine Zukunftspläne. Beantworte die Fragen.

Was wirst du nächstes Jahr machen? Warum?	Ich werde nächstes Jahr (viele Länder sehen), weil ich (sehr gern reise). …
Was wirst du in fünf Jahren machen? Warum?	Ich werde in fünf Jahren …, weil …
Und später?	Ich werde später …

hunderteinundzwanzig **121**

2 EXTRA A

Musik

1 Dekodiere die Instrumente und schreib die Sätze auf.
Dann finde das richtige Bild für jeden Satz.
Beispiel: **1** Ich spiele Gitarre. d

Schlüssel 🔑
a ★
e △
i +
o =
u □

1 Ich spiele G + t ★ r r △.
2 Ich spiele S c h l ★ g z △ □ g.
3 Wir spielen S ★ x = f = n.
4 Er spielt K l ★ r + n △ t t △.
5 Spielst du K l ★ v + △ r?
6 Tom und Jana spielen G △ + g △.

a b c d e f

2 Sieh dir die Notizen an. Lies die Komparativsätze. Richtig oder falsch?

1 Samira
Alter: 13
Charakter: optimistisch, originell, faul
Hobbys: Gitarre, lesen

2 Lena
Alter: 14
Charakter: lustig, dynamisch, immer gute Laune
Hobbys: Volleyball, Eishockey

3 Elias
Alter: 15
Charakter: kreativ, alternativ, ab und zu schlechte Laune
Hobbys: Saxofon, Keyboard

1 Samira ist älter als Lena.
2 Lena ist jünger als Elias.
3 Elias ist musikalischer als Lena.
4 Samira ist sportlicher als Lena.
5 Lena ist aktiver als Samira.
6 Elias ist positiver als Lena.

3 Sieh dir Aufgabe 2 noch mal an. Korrigiere die drei falschen Sätze.

4 Sieh dir die Notizen in Aufgabe 2 noch mal an. Wie bist du?
Schreib sechs Komparativsätze.
Beispiel: **1** Ich bin jünger als Elias.

122 *hundertzweiundzwanzig*

Musik

EXTRA B 2

1 Wer spielt welches Instrument? Schreib Sätze.
Beispiel: Johnny Depp spielt Gitarre.

Meryl Streep | Julia Roberts und Jim Carrey | Johnny Depp | Roger Federer | Scarlett Johansson

2 Lies die Fragen und die Antworten. Welche Antwort passt?
Beispiel: **1** b

1 Was für Musik hörst du gern?
 a Ich spiele gern Jazzmusik.
 b Ich höre sehr gern Popmusik.

2 Bist du musikalisch?
 a Nein, sie ist nicht musikalisch.
 b Ja, ich höre gern Musik und ich spiele Geige.

3 Spielst du ein Instrument?
 a Ja, Geige und Schlagzeug.
 b Ja, er spielt Klavier.

4 Hast du eine Lieblingsband?
 a Mein Lieblingssänger heißt Bruno Mars.
 b Ja, sie heißt „Mond und Sterne".

5 Hast du schon eine Band live gesehen?
 a Ja, ich bin letztes Jahr auf ein Festival gegangen.
 b Ja, ich habe gestern Abend einen Film gesehen.

6 Wie waren sie?
 a Sie waren fantastisch!
 b Er ist sehr begabt.

3 Sieh dir die falschen Antworten in Aufgabe 2 an.
Schreib passende Fragen.
Beispiel: **1** Ich spiele gern Jazzmusik.
→ Was für Musik spielst du gern?

4 Stell dir vor: Du bist eine bekannte Person aus Aufgabe 1.
Beantworte die Fragen aus Aufgabe 2.

Ich heiße Johnny Depp und ich höre sehr gern …

> Use the language in the answer to help you to form the question. Remember to use the correct subject pronoun and the correct form of the verb:
> **Ich spiele** gern Jazzmusik. →
> *Was für Musik **spielst du** gern?*

hundertdreiundzwanzig **123**

3 EXTRA A — Meine Ambitionen

1 Sieh dir die Bilder an und lies die Sätze. Finde die Paare.
Beispiel: **1** b

1 Ich würde den Mount Everest besteigen.
2 Ich würde Extrembügeln machen.
3 Ich würde Kakerlaken essen.
4 Ich würde mit Haifischen schwimmen.
5 Ich würde Zorbing machen.
6 Ich würde zum Mond fliegen.

Schlüssel
✘ nie
? vielleicht
✔ bestimmt

2 Sieh dir die Bilder noch mal an. Sieh dir den Schlüssel an. Schreib Sätze.
Beispiel: **a** Ich würde bestimmt Extrembügeln machen.

3 Lies die Texte und beantworte die Fragen. Wer ist das?

Ich arbeite seit April als Bademeister. Der Job ist ideal und er macht auch fit, weil ich jeden Tag schwimme – das finde ich toll!
Leon

Ich arbeite seit vier Monaten als Hundeausführerin. Ich mag den Job nicht, weil das Wetter oft schlecht ist, aber ich verdiene ziemlich viel Geld. Man muss laufen und mit den Hunden spielen – das ist kein Job für mich, weil ich zu faul bin! *Maja*

Ich habe im Moment keinen Job, aber ich will als Babysitterin arbeiten. Man verdient nicht viel Geld, aber ich mag Kinder und später will ich im Kindergarten arbeiten.
Julia

ich will = I want to

Wer ...
1 arbeitet jetzt nicht?
2 arbeitet in einem Schwimmbad?
3 verdient ziemlich viel Geld?
4 ist sportlich?
5 will den Job später nicht machen?
6 will mit Kindern arbeiten?

4 Schreib einen Text für Benedikt. Sieh dir Aufgabe 3 zur Hilfe an.

| Ich arbeite als ... | Ich arbeite seit ... | Ich mag den Job, weil ... | Später will ich ... |

Benedikt

Adapt the texts in exercise 3 to help you.

124 hundertvierundzwanzig

Meine Ambitionen

EXTRA B 3

1 Füll die Lücken aus und finde die Paare.
Beispiel: **1** besteigen – c

1 Ich würde den Mount Everest _____,
2 Ich würde mit Haifischen _____,
3 Ich würde nie zum Mond _____,
4 Ich würde bestimmt Kakerlaken _____,
5 Ich würde vielleicht Extrembügeln _____,

a weil ich zu feige bin.
b weil Insekten sehr gesund sind.
c weil Bergsteigen mein Hobby ist.
d weil ich Hausarbeit mag.
e weil ich sehr gern schwimme.

besteigen
essen
fliegen
machen
schwimmen

die Hausarbeit = housework

2 Würdest du das machen? Warum (nicht)? Schreib Sätze.

1 Zorbing machen
2 mit Piranhas schwimmen 

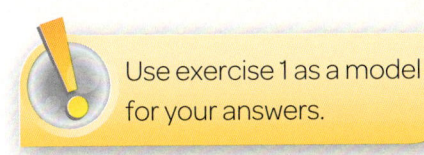

Use exercise 1 as a model for your answers.

3 Lies den Artikel und die Sätze. Richtig oder falsch?

Ich möchte später Schauspielerin werden, und dann möchte ich im Ausland arbeiten.

Ich studiere seit einem Jahr Tanz und Theaterwissenschaft an der Uni und im Sommer arbeite ich im Hotel in meinem Dorf in der Schweiz. Man muss immer freundlich sein und das ist manchmal sehr schwierig, weil es einige unfreundliche Gäste gibt! Also muss man eine gute Schauspielerin sein!

Ich möchte später im Theater oder im Fernsehen arbeiten; das würde viel Spaß machen! Und in zehn Jahren möchte ich heiraten und Kinder haben.

Emilia

1 Emilia arbeitet im Moment als Schauspielerin.
2 Sie ist seit einem Jahr Studentin.
3 Sie wohnt in der Schweiz.
4 Die Hotelgäste sind immer freundlich.
5 Emilia möchte im Fernsehen arbeiten.
6 Sie will nie heiraten.

einige = some
die Gäste = guests

4 Du bist Achim. Schreib einen Artikel. Sieh dir Aufgabe 3 zur Hilfe an.

Achim

Musiker werden
Ich spiele seit … (11 Ja.) 
Am Wochenende …
Ich verdiene … 
Ich möchte später … 
In fünf Jahren … 

To improve the quality of your article, give reasons and opinions like Emilia does in exercise 3.

hundertfünfundzwanzig **125**

4 EXTRA A — Die Kindheit

1 Schreib den Text richtig auf.

> Hallo! Ich heiße Astrid. Mit **1** 7 Ja. war ich ziemlich **2** 🎾⚽ und ich hatte ein tolles **3** 🚲. Das war meine **4** ❤️! Ich hatte auch einen kleinen Hund. Er war sehr **5** 😁!

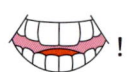

2 Übersetze Astrids Text ins Englische.

3 Lies den Text und sieh dir die Bilder an. Schreib die Tabelle ab und füll sie aus.

> Mit sechs Jahren musste ich um 19:30 ins Bett gehen – das war nicht so gut. Mit acht Jahren durfte ich alleine in die Schule gehen. Das war toll. Aber mit neun Jahren durfte ich nicht mit Freunden ins Kino gehen. Ich finde, das war gemein. Mit fünf Jahren war ich größer als meine Freunde. Ich konnte sehr gut Rad fahren und ich war begabt, finde ich.

Thomas

a b c d

	had to	was allowed to	wasn't allowed to	could
picture	d			
age	6 years old			
opinion	not so good			

4 Sieh dir die Tabelle an und schreib einen kurzen Text.
Beispiel: Mit zehn Jahren musste ich …

had to	was allowed to	wasn't allowed to	could
🏠 18:00	🎸	🏙️❌	👧
10 years old	8 years old	9 years old	11 months old
not good	great	mean	talented

126 *hundertsechsundzwanzig*

Die Kindheit

EXTRA B 4

1 Lies das Märchen. Das „Märchen" ist ein bekannter Film, aber welcher? Rate mal.

Es war einmal ein trauriger, kleiner Junge. Seine Eltern waren tot und er musste bei seinem Onkel wohnen. Diese Familie war nicht freundlich – Mutter, Vater und Sohn waren alle sehr gemein. Der Junge war gar nicht glücklich, aber mit 11 Jahren ist er auf eine Privatschule gegangen. Er musste nicht mehr bei diesem schrecklichen Onkel wohnen.

Er hatte zwei sehr gute Freunde, einen lustigen Jungen mit roten Haaren und ein kluges Mädchen (sie war die Intelligenteste in der Klasse). Die drei Freunde hatten tolle Abenteuer zusammen, aber das Leben in der Schule hatte auch eine dunkle Seite: der Junge hatte auch Feinde, sehr gefährliche, böse Feinde, und er musste oft gegen diese Feinde kämpfen. Der schwierige Kampf hat viele Jahre gedauert, aber der mutige Junge war erfolgreich und am Ende konnte er die Feinde töten.

DER HERR DER RINGE

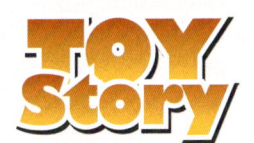

SHREK **TOY STORY** **STAR WARS**

Harry Potter **Twilight**

Pirates of the Caribbean

tot = dead
der Abenteuer(-) = adventure
der Feind(e) = enemy
kämpfen = to fight
töten = to kill

2 Finde die Paare. Wie heißt das auf Englisch?
Beispiel: **1** b (was – to be)

Imperfect
1 war 3 hatte
2 musste 4 konnte

Infinitive
a können c müssen
b sein d haben

> Use a dictionary to help you with unfamiliar vocabulary. Remember, most of the verbs in the text are in the imperfect tense, so if you need to look them up in a dictionary you will need to know the infinitive form.

3 Lies das Märchen noch mal. Finde Adjektive für die Personen.
Beispiel: der Junge – traurig, klein, ...

der Junge   der Onkel   der Freund   die Freundin   die Feinde

4 Stell dir vor, du bist eine Person aus einem Film. Schreib Sätze über deine (imaginäre) Kindheit.
Imagine you are a character from a film. Write about your (imaginary) childhood.

Jack Sparrow   Shrek   Bella   Bilbo Baggins   Dumbledore

You could include:
- your favourite things
- what you could do at certain ages
- what primary school was like
- how things are different now.

hundertsiebenundzwanzig **127**

5 EXTRA A — Rechte und Pflichten

1 Schreib die Sätze richtig auf.
Beispiel: **1** Sport ist mir wichtig.

1 mir ist wichtig Sport
2 Geld mir wichtig ist nicht
3 total Mode ist wichtig mir
4 Gute wichtig ziemlich mir Noten sind
5 sind Meine wichtig sehr Freunde mir
6 ist mir Familie Meine Wichtigste das

2 Lies die E-Mail und sieh dir die Bilder an. Was ist die richtige Reihenfolge?
Beispiel: c, …

Hallo Finn!

Danke für deine E-Mail. Sie war sehr interessant. Du fragst, „Was ist dir wichtig?" Hier ist meine Antwort …

Meine Familie ist mir das Wichtigste. Mein Handy ist mir auch total wichtig. Musik ist mir sehr wichtig, weil ich Gitarre in einer Band spiele. Geld ist mir ziemlich wichtig und ich gehe sehr gern mit Freunden aus. Mode ist mir auch wichtig, weil ich gern neue Klamotten kaufe! Mein Computer ist mir aber nicht wichtig. Ich hasse Computerspiele!

Bis bald!

Vanessa

3 Verbinde die Satzhälften und schreib sie auf. Übersetze sie ins Englische.
Beispiel: **1** e Wir wollen ein Kind sponsern. – We want to sponsor a child.

1	Wir wollen ein Kind	a	Kuchenverkauf organisieren.
2	Wir müssen Spenden	b	machen
3	Wir können einen Benefizlauf	c	gesponsertes Schweigen machen.
4	Wir werden	d	sammeln.
5	Wir dürfen einen	e	~~sponsern.~~
6	Wir wollen ein	f	eine Modenschau organisieren.

4 Du machst das Projekt „Aktion für eine bessere Welt".
Schreib ein paar Ideen auf. Zeichne passende Bilder dazu.
Beispiel:

Wir wollen einen Kuchenverkauf organisieren, weil das Spaß macht!

> - Say what you can do (*wir können…*), want to do (*wir wollen…*) or will do (*wir werden…*).
> - Try to give reasons for your ideas using **weil**.

Rechte und Pflichten

EXTRA B 5

1 SCHREIBEN
Sieh dir die Bilder an. Schreib Sätze.
Beispiel: **1** Mein Computer ist mir ziemlich wichtig.

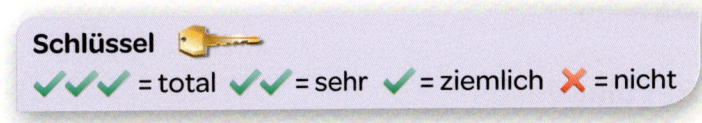

Schlüssel 🗝
✓✓✓ = total ✓✓ = sehr ✓ = ziemlich ✗ = nicht

1. (Computer) ✓
2. (Freunde) ✓✓
3. (Geld) ✗
4. (gute Noten) ✓✓
5. (Musik) ✓✓✓
6. (Handy) ✓

2 LESEN
Lies den Text. Früher, jetzt oder in der Zukunft?
Beispiel: **1** früher

> Hallo! Ich bin Linus. Ich habe früher in Deutschland gewohnt, aber ich wohne jetzt mit meiner Familie in Neuseeland. Ich wohne in Gisborne an der Ostküste der Nordinsel.
>
> Ich fahre sehr gern Rad. Ich fahre mit dem Rad zur Schule und ich fahre auch jeden Tag mit dem Rad zum Waikanae-Strand. Ich surfe und schwimme mit meinen Freunden dort.
>
> In Neuseeland darf ich Paintball spielen! Ich bin an meinem Geburtstag mit meinen Freunden nach Auckland gefahren, und wir haben Paintball gespielt. Es war so toll! Meine Freunde in Deutschland dürfen nicht Paintball spielen.
>
> Hier in der Schule müssen wir eine Uniform tragen. Früher habe ich keine Uniform getragen. Ich habe auch mehr Hausaufgaben hier und ich finde den Englischunterricht schwierig.
>
> Ich mag mein neues Leben, weil ich sehr gern am Strand wohne. Nächstes Jahr werde ich mit meiner Klasse zur Südinsel fahren. Ich freue mich darauf!

der Strand = beach

> 💡 Remember that you need to use *sind* instead of *ist* for plural nouns (e.g. *Freunde, gute Noten*).

1. in Deutschland wohnen
2. surfen
3. darf Paintball spielen
4. keine Uniform tragen
5. mehr Hausaufgaben haben
6. zur Südinsel fahren

3 LESEN
Lies den Text noch mal. Korrigiere die Sätze.
1. Linus hat früher in Neuseeland gewohnt.
2. Er fährt mit dem Bus zur Schule.
3. Zum Geburtstag hat Linus mit Freunden Fußball gespielt.
4. Er hatte mehr Hausaufgaben in Deutschland.
5. Er findet den Matheunterricht schwierig.
6. Er wird nächste Woche zur Südinsel fahren.

4 SCHREIBEN
Sieh dir die Altersgrenzen an und schreib Sätze.
Beispiel:

> In Neuseeland darf man mit 14 Jahren babysitten.
> In Deutschland darf man mit …

	babysitten	heiraten	ein Auto fahren
Neuseeland	14	20	17
Deutschland	13	18	17

hundertneunundzwanzig **129**

Verbtabellen

Regular verbs

Infinitive	Present tense		Perfect tense	Future tense
wohn**en** to live	ich wohn**e** du wohn**st** er/sie/es/man wohn**t**	wir wohn**en** ihr wohn**t** Sie wohn**en** sie wohn**en**	ich habe **ge**wohn**t**	ich werde wohnen
arbeit**en** to work	ich arbeit**e** du arbeit**est** er/sie/es/man arbeit**et**	wir arbeit**en** ihr arbeit**et** Sie arbeit**en** sie arbeit**en**	ich habe **ge**arbeit**et**	ich werde arbeiten

Some regular verbs (like **arbeiten**) add an extra **e** to make them easier to say.

Key irregular verbs

Infinitive	Present tense		Perfect tense	Future tense	Imperfect tense
hab**en** to have	ich hab**e** du ha**st** er/sie/es/man ha**t**	wir hab**en** ihr hab**t** Sie hab**en** sie hab**en**	ich habe **ge**hab**t**	ich werde haben	ich ha**tte**
sein to be	ich **bin** du **bist** er/sie/es/man **ist**	wir **sind** ihr **seid** Sie **sind** sie **sind**	ich **bin** gewesen	ich werde sein	ich **war**

Separable verbs

Infinitive	Present tense		Perfect tense	Future tense
fernsehen to watch TV	ich sehe … **fern** du s**ie**hst … **fern** er/sie/es/man s**ie**ht … **fern**	wir sehen … **fern** ihr seht … **fern** Sie sehen … **fern** sie sehen … **fern**	ich habe … **fern**ge**sehen**	ich werde … **fern**sehen
aufstehen to get up, to stand up	ich stehe … **auf** du stehst … **auf** er/sie/es/man steht … **auf**	wir stehen … **auf** ihr steht … **auf** Sie stehen … **auf** sie stehen … **auf**	ich **bin** … **auf**gestanden	ich werde … **auf**stehen

Reflexive verbs

Infinitive	Present tense		Perfect tense	Future tense
sich duschen to shower	ich dusche **mich** du duschst **dich** er/sie/es/man duscht **sich**	wir duschen **uns** ihr duscht **euch** Sie duschen **sich** sie duschen **sich**	ich habe **mich** geduscht	ich werde **mich** duschen

130 *hundertdreißig*

More irregular verbs

Infinitive	Present tense		Perfect tense	Future tense
bleib**en** to stay	ich bleib**e** du bleib**st** er/sie/es/man bleib**t**	wir bleib**en** ihr bleib**t** Sie bleib**en** sie bleib**en**	ich **bin ge**blieb**en**	ich werde bleiben
ess**en** to eat	ich ess**e** du **iss**t er/sie/es/man **iss**t	wir ess**en** ihr ess**t** Sie ess**en** sie ess**en**	ich habe **ge**gess**en**	ich werde essen
fahr**en** to go, to travel	ich fahr**e** du f**ä**hr**st** er/sie/es/man f**ä**hr**t**	wir fahr**en** ihr fahr**t** Sie fahr**en** sie fahr**en**	ich **bin ge**fahr**en**	ich werde fahren
find**en** to find	ich find**e** du find**est** er/sie/es/man find**et**	wir find**en** ihr find**et** Sie find**en** sie find**en**	ich habe **ge**fund**en**	ich werde finden
geb**en** to give	ich geb**e** du g**i**b**st** er/sie/es/man g**i**b**t**	wir geb**en** ihr geb**t** Sie geb**en** sie geb**en**	ich habe **ge**geb**en**	ich werde geben
geh**en** to go (on foot)	ich geh**e** du geh**st** er/sie/es/man geh**t**	wir geh**en** ihr geh**t** Sie geh**en** sie geh**en**	ich **bin ge**gang**en**	ich werde gehen
komm**en** to come	ich komm**e** du komm**st** er/sie/es/man komm**t**	wir komm**en** ihr komm**t** Sie komm**en** sie komm**en**	ich **bin ge**komm**en**	ich werde kommen
lauf**en** to run, to walk	ich lauf**e** du l**äu**f**st** er/sie/es/man l**äu**f**t**	wir lauf**en** ihr lauf**t** Sie lauf**en** sie lauf**en**	ich **bin ge**lauf**en**	ich werde laufen
les**en** to read	ich les**e** du l**ies**t er/sie/es/man l**ies**t	wir les**en** ihr les**t** Sie les**en** sie les**en**	ich habe **ge**les**en**	ich werde lesen
nehm**en** to take	ich nehm**e** du n**imm**st er/sie/es/man n**imm**t	wir nehm**en** ihr nehm**t** Sie nehm**en** sie nehm**en**	ich habe **ge**nomm**en**	ich werde nehmen
seh**en** to see	ich seh**e** du s**ieh**st er/sie/es/man s**ieh**t	wir seh**en** ihr seh**t** Sie seh**en** sie seh**en**	ich habe **ge**seh**en**	ich werde sehen
trag**en** to wear, to carry	ich trag**e** du tr**ä**g**st** er/sie/es/man tr**ä**g**t**	wir trag**en** ihr trag**t** Sie trag**en** sie trag**en**	ich habe **ge**trag**en**	ich werde tragen

hunderteinunddreißig **131**

Verbtabellen

Modal verbs

Infinitive	Present tense		Imperfect tense		
dürfen to be allowed to	ich **darf** du **darfst** er/sie/es/man **darf**	wir **dürfen** ihr **dürft** Sie **dürfen** sie **dürfen**	ich **durfte** du **durftest** er/sie/es/man **durfte**	wir **durften** ihr **durftet** Sie **durften** sie **durften**	+ an infinitive (at the end of the sentence)
können to be able to, 'can'	ich **kann** du **kannst** er/sie/es/man **kann**	wir **können** ihr **könnt** Sie **können** sie **können**	ich **konnte** du **konntest** er/sie/es/man **konnte**	wir **konnten** ihr **konntet** Sie **konnten** sie **konnten**	
müssen to have to, 'must'	ich **muss** du **musst** er/sie/es/man **muss**	wir **müssen** ihr **müsst** Sie **müssen** sie **müssen**	ich **musste** du **musstest** er/sie/es/man **musste**	wir **mussten** ihr **musstet** Sie **mussten** sie **mussten**	
wollen to want to	ich **will** du **willst** er/sie/es/man **will**	wir **wollen** ihr **wollt** Sie **wollen** sie **wollen**	ich **wollte** du **wolltest** er/sie/es/man **wollte**	wir **wollten** ihr **wolltet** Sie **wollten** sie **wollten**	

The future tense

Use the future tense to say what you **will** do.

Present tense of werden		+ an infinitive
ich **werde** du **wirst** er/sie/es/man **wird**	wir **werden** ihr **werdet** Sie **werden** sie **werden**	fahren spielen arbeiten, etc.

Note: *werden* also means 'to become'.

The conditional

Use the conditional to say what you **would** do.

ich **würde** du **würdest** er/sie/es/man **würde**	wir **würden** ihr **würdet** Sie **würden** sie **würden**	+ an infinitive: fahren spielen arbeiten, etc.

To say what you **would like** to do, use the conditional forms of *mögen* (to like).

ich **möchte** du **möchtest** er/sie/es/man **möchte**	wir **möchten** ihr **möchtet** Sie **möchten** sie **möchten**	+ an infinitive: arbeiten studieren werden, etc.

The imperative

Use the imperative to give instructions or directions.

Infinitive	Present tense	Imperative
gehen to go	du **geh**st	Geh!
	ihr **geht**	Geht!
	Sie **gehen**	Gehen Sie!

The perfect tense with sein

Most verbs form the perfect tense with the present tense of **haben** (the auxiliary) and a past participle (usually **ge...t** or **ge...en**).

Some verbs form the perfect tense with **sein** as the auxiliary. These are usually (but not always!) verbs that involve movement from one place to another:

gehen (to go) ➔ ich **bin gegangen** (I went)

fahren (to go, to travel) ➔ ich **bin gefahren** (I went, I travelled)

kommen (to come) ➔ ich **bin gekommen** (I came)

bleiben (to stay) ➔ ich **bin geblieben** (I stayed)

Strategien

Strategie 1
Partnerarbeit
Learning vocabulary with someone else helps you to concentrate for longer and makes it fun. Here are some activities to try with a partner:
- Play word association. Your partner says a word and you say a word that is related to it in some way. Be prepared to justify your thinking!
  - *Grundschule*
  - *Klassentier*
- Play hangman or pictionary with the words from the *Wörter* pages.
- Beginnings and endings. Your partner says a word and your next word must start with the final letter of his/her word. Make the longest chain of words you can!
  - *Musik*
  - *Kunst*
- Syllables. Say the first syllable of a word with two or more syllables. Your partner has to finish the word.
  - *wich …*
  - *… tig*
- Tandem testing. Take a section of words from the *Wörter* pages and test your partner. Begin by testing German into English and then English into German.

Strategie 2
Complex sentences
Try to show as much as possible of the German that you know. Simple sentences in correct German are fine, but if you use more complex sentences it sounds more natural – and more impressive!
- Join shorter sentences together using *und* (and), *aber* (but) or *oder* (or).
- Add an opinion.
- Use *weil* (because) to give a reason – but remember the word order with this 'vile' word!
- Add qualifiers such as *sehr* (very), *zu* (too), *ziemlich* (quite) and *gar nicht* (not at all).

Learn a few phrases that you can use in a variety of situations – time phrases are always useful.

Strategie 3
Kognaten und falsche Freunde
Cognates and near-cognates are words that are spelled the same or nearly the same as English words and have the same meaning in German. It is helpful to spot these as you can learn them quickly and easily.

Watch out for *falsche Freunde* ('false friends'). These are tricky words that look like cognates but have a different meaning. What does *spenden* actually mean?

Strategie 4
Improving your pronunciation
By now, you should have a good idea of how German words are pronounced, but it is always good to practise. The vowels often cause problems, especially when there are two together. Link the words to the key phonics sounds and say them out loud.

au – B*au*ch as in H*au*s
ei – G*ei*ge as in *Ei*s
ie – Br*ie*fe as in B*ie*ne

Sometimes it's hard to recognise that a word is actually made up of two or more words joined together. Each part of the word is said separately. For example, by themselves *Teil* means 'part', *Zeit* means 'time' and *Job* means 'job'. Join them together and you have *Teil|zeit|job* (part-time job) – written as one word, but sounded as three. You will recognise some parts of compound words, but with some new words you'll just have to listen carefully and imitate the pronunciation.

Strategie 5
Aktiv lernen – online!
Learning is about doing. Try to memorise vocabulary actively and creatively by using some of these ideas.
- Use an online app to record yourself saying the German words and their English meaning – use this to test yourself.
- Make some online flashcards and then play the games and activities created with them.
- Create word shapes with your vocabulary.

German key sounds

Hören — Sieh dir das Video auf ActiveTeach an. Hör zu und mach mit. (1–16)
Watch the video on ActiveTeach. Listen and join in.

> If your teacher doesn't have ActiveTeach, listen to the audio and make up your own action for each word.

1. **J**o-**J**o
2. **V**ogel
3. **W**ild**w**assersport
4. **Z**ick**z**ack
5. H**au**s
6. Fr**eu**nd
7. **Ei**s
8. B**ie**ne
9. B**ä**r
10. L**ö**we
11. T**ü**r
12. M**äu**se
13. Bu**ch**
14. **Sch**lange
15. **Sp**itzbart
16. **St**erne

Active learning
Using multiple senses helps us to remember new words for longer. Use sight, sounds and physical actions to boost your memory skills.

134 *hundertvierunddreißig*

Wortschatz (Deutsch–Englisch)

Using the *Wortschatz*

The German–English word lists on the following pages appear in three columns:

- The first column lists the German words in alphabetical order.
- The second column tells you what part of speech the word is (verb, noun, etc.) in abbreviated form.
- The third column gives the English translation of the word in the first column.

Here is a key to the abbreviations in the second column:

adj	adjective
adv	adverb
conj	conjunction
exclam	exclamation
f	feminine noun
interrog	interrogative
m	masculine noun
(pl)	plural noun
npr	proper noun (names of individual people, places, etc.)
nt	neuter noun
pp	past participle
prep	preposition
pron	pronoun
v	verb

The names for the parts of the speech given here are those you are most likely to find in a dictionary. In *Stimmt!* we use different terms for two of these parts of speech. These are:

interrogative = question word
conjunction = connective

A

Abenteuer(-)	nt	adventure
abenteuerlustig	adj	adventurous
aber	conj	but
Abfahrt(-en)	f	departure
abrasieren	v	to shave off
abstrakt	adj	abstract
abwaschen	v	to wash up
aktiv	adj	active
allein	adj	alone
alles	pron	everything
als	conj	as
alt	adj	old
altmodisch	adj	outdated
alternativ	adj	alternative
amputieren	v	to amputate
ängstlich	adj	fearful
ankommen	v	to arrive
Ankunft(¨e)	f	arrival
anstrengend	adj	tiring
Apfelbaum(¨e)	m	apple tree
arm	adj	poor
Arm(-e)	m	arm
arrogant	adj	arrogant
Arzt(¨e) / Ärztin(-nen)	m/f	doctor
auch	adv	also
aufsammeln	v	to pick up
Auge(-n)	nt	eye
Ausland	nt	abroad
Auto(-s)	nt	car
Autor(-en) / Autorin(-nen)	m/f	author

B

Babysitter(-) / Babysitterin(-nen)	m/f	babysitter
Bäckerei(-en)	f	bakery
Backofen(¨)	m	oven
Bademeister(-) / Bademeisterin(-nen)	m/f	lifeguard
baden	v	to have a bath
Badezimmer(-)	nt	bathroom
Ball(¨e)	m	ball
Band(-s)	f	band
Bär(-en)	m	bear
Bauch(¨e)	m	stomach
Bauernhof(¨e)	m	farm

hundertfünfunddreißig **135**

Baum(¨e)	m	tree
Bayern	npr	Bavaria
begabt	adj	talented
beginnen	v	to begin
beide	pron	both
Bein(-e)	nt	leg
Beispiel(-e)	nt	example
bekannt	adj	famous, well-known
Benefizlauf(¨e)	m	charity run
benutzen	v	to use
bequem	adj	comfortable
Berg(-e)	m	mountain
bergig	adj	mountainous
Bergklima(-s)	nt	mountain climate
Bergsteigen	nt	mountain climbing
Beruf(-e)	m	career, job
berühmt	adj	famous
beschreiben	v	to describe
besonders	adv	particularly, especially
besser	adj/adv	better
besteigen	v	to climb
besuchen	v	to visit
Bett(-en)	nt	bed
(sich) bewegen	v	to move
Bewerbung(-en)	f	application
Bild(-er)	nt	picture
bis	prep	to; until
Blatt(¨er)	nt	leaf
bleiben	v	to stay
blöd	adj	stupid
Blut	nt	blood
brechen	v	to break
Brennnessel(-n)	f	nettle
bringen	v	to bring
Bruder(¨)	m	brother
Brunnen(-)	m	well
Buch(¨er)	nt	book
bügeln	v	to iron
bunt	adj	colourful
Büro(-s)	nt	office

C

Chef(-s)	m	boss
Chor(¨e)	m	choir

D

Daumen(-)	m	thumb
denken	v	to think
doof	adj	stupid
Doppelzimmer(-)	nt	double room
dort	adv	there
dunkel	adj	dark
dünn	adj	thin
durch	prep	through
dürfen	v	to be allowed
duschen	v	to take a shower
dynamisch	adj	dynamic, energetic

E

eigen	adj	own
einfach	adj	simple, easy
einmal	adv	once
Einwilligung(-en)	f	consent
Einzelzimmer(-)	nt	single room
Eisdiele(-n)	f	ice-cream parlour
Eisenbahn(-en)	f	train set; railway
Eisklettern	nt	ice climbing
Elefant(-en)	m	elephant
energiegeladen	adj	full of energy
eng	adj	tight
Entchen(-)	nt	duckling
entlang	prep/adv	along
erfolgreich	adj	successful
Essen	nt	food
expressionistisch	adj	expressionist
extrem	adj	extremely
Extremsportler(-) / Extremsportlerin(-nen)	m/f	extreme sportsperson

F

fahren	v	to go; drive
Fahrrad(¨er)	nt	bicycle
fallen	v	to fall
Familie(-n)	f	family
Fantasie(-n)	f	fantasy

fantastisch	adj	fantastic
Farbe(-n)	f	colour
fast	adv	almost
faul	adj	lazy
feige	adj	cowardly
Fernsehen	nt	television
Fernsehstudio(-s)	nt	TV studio
fertig	adj	ready
Festival(-s)	nt	festival
Film(-e)	m	film
finden	v	to find
Fingernagel(¨)	m	fingernail
Fisch(-e)	m	fish
Flasche(-n)	f	bottle
fliegen	v	to fly
fließen	v	to flow
Fluss(¨e)	m	river
Form(-en)	f	shape
Formular(-e)	nt	form
Foto(-s)	nt	photo
Fotoapparat(-e)	m	camera
Frage(-n)	f	question
Frau(-en)	f	woman
frech	adj	cheeky
frei	adj	free
Freizeit	f	free time
Fremdsprache(-n)	f	foreign language
(sich) freuen	v	to be pleased
Freund(-e) / Freundin(-nen)	m/f	friend
freundlich	adj	friendly
Frühling	m	Spring
Fuchs(¨e)	m	fox
für	prep	for
furchtbar	adj	awful, terrible
Fuß(¨e)	m	foot
Fußballprofi(-s)	m	footballer
Fußballspieler(-)	m	football player

G

Galerie(-n)	f	gallery
ganz	adj	whole
Garten(¨)	m	garden
geben	v	to give
Geburt(-en)	f	birth
Gegenwart	f	present
gehen	v	to go
Geige	f	violin
Geld(-er)	nt	money
gemein	adj	mean
geometrisch	adj	geometric
Gesang	m	singing
Geschäft(-e)	nt	shop; business
Geschäftsfrau(-en)	f	businesswoman
Gesicht(-e)	nt	face
gestern	adv	yesterday
gesund	adj	healthy
Gewicht	nt	weight
gewinnen	v	to win
Gewinner(-)	m	winner
Gitarre(-n)	f	guitar
glauben	v	to believe
Glück	nt	happiness; luck
glücklich	adj	happy
groß	adj	big
Grundschule(-n)	f	primary school
Gruppe(-n)	f	group
gruselig	adj	horrifying
Gymnasium (Gymnasien)	nt	grammar school

H

haben	v	to have
Haifisch(-e)	m	shark
Hand(¨e)	f	hand
Handy(-s)	nt	mobile phone
hart	adj	hard
hassen	v	to hate
hässlich	adj	ugly
Hauptstadt(¨e)	f	capital city
Haus(¨er)	nt	house
Hausaufgaben	f(pl)	homework
Haustier(-e)	nt	pet
heiraten	v	to marry
heiß	adj	hot
heißen	v	to be called
helfen	v	to help
hell	adj	light

hundertsiebenunddreißig **137**

Herbst	m	autumn
hier	adv	here
Hilfsorganisation(-en)	f	aid organisation
Himmel(-)	m	sky
hinunterpaddeln	v	to paddle down
Hip-Hop	m	hip-hop
hoch	adj	high
Hochseil(-)	nt	high wire
Hochsprung	m	high jump
hören	v	to hear
Hotel(-s)	nt	hotel
Hund(-e)	m	dog
Hundeausführer(-) / Hundeausführerin(-nen)	m/f	dog walker
Hundedreck	m	dog dirt

I

Idee(-n)	nt	idea
immer	adv	always
immer noch	adv	still
Information(-en)	f	information
Insel(-n)	f	island
inspirierend	adj	inspirational
Instrument(-e)	nt	instrument
interessant	adj	interesting
sich interessieren für	v	to be interested in

J

Jahr(-e)	nt	year
Jazzmusik	f	jazz
jemand	pron	somebody
Job(-s)	m	job
jodeln	v	to yodel
Journalist(-en) / Journalistin(-nen)	m/f	journalist
jung	adj	young
Junge(-n)	m	boy

K

Kakerlak(-en)	m	cockroach
kalt	adj	cold
Kandidat(-en) / Kandidatin(-nen)	m/f	candidate
Kaninchen(-)	nt	rabbit
Kantine(-n)	f	canteen
kaputt	adj	broken
Kapuzenpulli(-s)	m	hoodie
Karte(-n)	f	map; ticket; card
kaufen	v	to buy
kein	pron	no
Keyboard(-s)	nt	keyboard
Kind(-er)	nt	child
Kindergarten(¨)	m	nursery
Kinderkrippe(-n)	f	crèche
Kindersendung(-en)	f	children's programme
Kindheit	f	childhood
kindisch	adj	childish
Kinn(-e)	nt	chin
Kissen(-)	nt	cushion; pillow
Klarinette(-n)	f	clarinet
Klasse(-n)	f	class
Klassentier(-e)	nt	class pet
Klassenzimmer(-)	nt	classroom
klassische Musik	f	classical music
Klavier(-e)	nt	piano
klein	adj	small
Klima(-s)	nt	climate
Knie(-)	nt	knee
kochen	v	to cook
Komiker(-)	m	comedian
kompetitiv	adj	competitive
komponieren	v	to compose
Komponist(-en)	m	composer
König(-e) / Königin(-nen)	m/f	king / queen
Königsfamilie(-n)	f	royal family
können	v	to be able to
Konzert(-e)	nt	concert
Kopf(¨e)	m	head
Körper(-)	m	body
Körperteil(-e)	m	part of the body
kosten	v	to cost
krank	adj	ill
Krankenhaus(¨er)	nt	hospital
kreativ	adj	creative
Küchenhilfe(-n)	f	kitchen help
Kuchenverkauf(¨e)	m	cake sale
kühn	adj	daring

Kuli(-s)	m	pen
kultivieren	v	to grow
Kunst	f	art
Kunstgalerie(-n)	f	art gallery
Künstler(-) / Künstlerin(-nen)	m/f	artist
Kunststil(-e)	m	style of art
kurz	adj	short
Kuss(¨e)	m	kiss
Küste(-n)	f	coast

L

lächeln	v	to smile
Land(¨er)	nt	country
Landschaft(-en)	f	countryside
lang	adj	long
langweilig	adj	boring
laufen	v	to run, walk
Laune(-n)	f	mood
launisch	adj	moody
laut	adj	loud
Leben(-)	nt	life
leben	v	to live
Lebenserwartung(-en)	f	life expectancy
lecker	adj	tasty
Lehrer(-) / Lehrerin(-nen)	m/f	teacher
lernen	v	to learn
lesen	v	to read
Leute	(pl)	people
lieben	v	to love
Lieblingsathlet(-en) / Lieblingsathletin(-nen)	m/f	favourite athlete
Lieblingsjahreszeit(-en)	f	favourite season
Lieblingskünstler(-) / Lieblingskünstlerin(-nen)	m/f	favourite artist
Lieblingslied(-er)	nt	favourite song
Lieblingsmärchen(-)	nt	favourite fairy tale
Lieblingsname(-n)	m	favourite name
Lieblingssache(-n)	f	favourite thing
Lieblingssänger(-) / Lieblingssängerin(-nen)	m/f	favourite singer
Lieblingstier(-e)	nt	favourite animal
Lied(-er)	nt	song
Liedtexte	m(pl)	song lyrics
liegen	v	to lie
link	adj	left
Lottoschein(-e)	m	lottery ticket
lustig	adj	funny

M

machen	v	to do
Mädchen(-)	nt	girl
Mal(-e)	nt	time
malen	v	to paint
Maler(-) / Malerin(-nen)	m/f	painter
manchmal	adv	sometimes
Mann(¨er)	m	man
Märchen(-)	nt	fairy tale
Mathe	f	Maths
Medaille(-n)	f	medal
Meer(-e)	nt	sea
mehr	adv	more
Meinung(-en)	f	opinion
meistens	adv	mostly
melodisch	adj	tuneful
Menschen	m(pl)	people
Minirock(¨e)	m	mini-skirt
Mitglied(-er)	nt	member
mitspielen	v	to play along
Mitte(-n)	f	middle
Mode(-n)	f	fashion
Modedesigner(-)	m	fashion designer
Modenschau(-en)	f	fashion show
Moderator(-en) / Moderatorin(-nen)	m/f	presenter
modisch	adj	fashionable
Mofa(-s)	nt	moped
mögen	v	to like
momentan	adv	at the moment
Monat(-e)	m	month
Mond(-e)	m	moon
monoton	adj	monotonous
Morgen(-)	m	morning
morgen	adv	tomorrow
Motor(-en)	m	engine
Müll(-)	m	rubbish
München	npr	Munich
Mund(¨er)	m	mouth

hundertneununddreißig **139**

German	Type	English
Musik(-en)	f	music
musikalisch	adj	musical
Musikart(-en)	f	type of music
Musiker(-) / Musikerin(nen)	m/f	musician
Musikstil(-e)	m	style of music
müssen	v	to have to
mutig	adj	brave
Mutter(¨)	f	mother
Mütze(-n)	f	cap

N

nach	prep	to; after
Nachricht(-en)	f	news
nächster/nächste/nächstes	adj	next
Nacht(¨e)	f	night
Name(-n)	m	name
Nase(-n)	f	nose
Natur(-en)	f	nature
nehmen	v	to take
nennen	v	to name
nervig	adj	annoying
nett	adj	nice
neu	adj	new
Neuseeland	npr	New Zealand
nicht	adv	not
niedlich	adj	cute
noch mal	adv	again
Note(-n)	f	mark
Nummer(-n)	f	number
nur	adv	only

O

German	Type	English
Obst	nt	fruit
Ochse(-n)	m	ox
öffnen	v	to open
oft	adv	often
ohne	prep	without
Ohr(-en)	nt	ear
Ohrwurm(¨er)	m	ear worm
Oma(-s)	f	granny
Onkel(-)	m	uncle
Oper(-n)	f	opera
optimistisch	adj	optimistic
organisieren	v	to organise
originell	adj	original
Österreich	npr	Austria

P

Papier(-e)	nt	paper
Parkplatz(¨e)	m	car park
Pause(-n)	f	break
Pech	nt	tar; bad luck
Pferd(-e)	nt	horse
Pflanze(-n)	f	plant
Pflicht(-en)	f	duty
Pfund(-)	nt	pound
Pilot(-en) / Pilotin(-nen)	m/f	pilot
Piste(-n)	f	ski run
Plan(¨e)	m	plan
Platz(¨e)	m	place
Po(-s)	m	bottom
Politiker(-) / Politikerin(-nen)	m/f	politician
Popmusik	f	pop music
Postkarte(-n)	f	postcard
praktisch	adj	practical
Präsident(-en) / Präsidentin(-nen)	m/f	president
Preis(-e)	m	prize
Preisrichter(-)	m	judge
Prinz(-en) / Prinzessin(-nen)	m/f	prince/princess
pro	prep	per
professionell	adj	professional
Prothese(-n)	f	artificial limb
Publikum	nt	audience
Puppe(-n)	f	doll

Q

German	Type	English
Quatsch!	exclam	Rubbish!

R

R&B-Musik	f	R&B music
Rad(¨er)	nt	bicycle
Rap-Musik	f	rap
realistisch	adj	realistic
Recht(-e)	nt	right
recht	adj	right
recyceln	v	to recycle

Regen	m	rain
Regenwald(¨e)	m	rainforest
regnen	v	to rain
reich	adj	rich
reif	adj	ripe
Reise(-n)	f	journey, voyage
reisen	v	to travel
reiten	v	to ride
Rennfahrer(-) / Rennfahrerin(-nen)	m/f	racing driver
reservieren	v	to reserve
richtig	adj	correct
riechen	v	to smell
Rock(¨e)	m	skirt
Rockmusik	f	rock music
Rolle(-n)	f	role
Roman(-e)	m	novel
Rücken(-)	m	back
Rucksack(¨e)	m	rucksack

S

sagen	v	to say
Sahne	f	cream
Sandalen	f(pl)	sandals
Sänger(-) / Sängerin(-nen)	m/f	singer
sauber	adj	clean
Saxofon(-e)	nt	saxophone
Schaukelpferd(-e)	nt	rocking horse
Schauspieler(-) / Schauspielerin(-nen)	m/f	actor / actress
Schiff(-e)	nt	ship
Schlaf	m	sleep
schlafen	v	to sleep
Schlagzeug(-e)	nt	drums
Schlagzeuger(-)	m	drummer
Schlange(-n)	f	snake
schlimm	adj	bad
Schloss(¨er)	nt	castle
Schlüssel(-)	m	key
Schlüsselanhänger(-)	m	keyring
schmutzig	adj	dirty
Schnee	m	snow
schneien	v	to snow
schnell	adj	quick
Schokolade(-n)	f	chocolate
schon	adv	already
schön	adj	beautiful
schreiben	v	to write
Schuh(-e)	m	shoe
Schule(-n)	f	school
Schüler(-) / Schülerin(-nen)	m/f	pupil
Schulsachen	(pl)	school things
Schulter(-n)	f	shoulder
Schultüte(-n)	f	school bag
schütteln	v	to shake
Schweigen	nt	silence
Schweiz	npr	Switzerland
schwer	adj	heavy; hard
Schwester(-n)	f	sister
Schwimmbad(¨e)	nt	swimming pool
segeln	v	to sail
sehen	v	to see
sehr	adv	very
sein	v	to be
seit	prep	since
Sekundarschule(-n)	f	secondary school
selbst	pron	yourself
Sendung(-en)	f	programme
singen	v	to sing
sinken	v	to fall, sink
sitzen	v	to sit
skifahren	v	to ski
Skiläufer(-) / Skiläuferin(-nen)	m/f	skier
Skilehrer(-) / Skilehrerin(-nen)	m/f	ski instructor
Skiort(-e)	m	ski resort
Skischule(-n)	f	Ski school
Skizzenbuch(¨er)	nt	sketch book
Soldat(-en)	m	soldier
Sommer	m	summer
Sommerpläne	m(pl)	plans for the summer
Sonne(-n)	f	sun
Sonnenschein	m	sunshine
sortieren	v	to sort

hunderteinundvierzig **141**

Souvenirgeschäft(-e)	nt	souvenir shop
spannend	adj	exciting
Spaß	m	fun
spenden	v	to give, donate
Spenden	f(pl)	donations
Spezialität(-en)	f	speciality
spielen	v	to play
Spielsachen	f(pl)	toys
spinnen	v	to spin; to joke
Spinnrad(¨er)	nt	spinning wheel
sponsern	v	to sponsor
Sportart(-en)	f	type of sport
Sportkleidung	f	sports kit
Sportler(-) / Sportlerin(-nen)	m/f	sportsperson
sportlich	adj	sporty
Sportsendung(-en)	f	sports programme
sprechen	v	to speak
springen	v	to jump
Spule(-n)	f	bobbin
Stadt(¨e)	f	town
stark	adj	strong
statt	conj	instead of
Stelle(-n)	f	job
Stiefel(-)	m	boot
Stiefmutter(¨)	f	step-mother
Stieftochter(¨)	f	step-daughter
Stil(-e)	m	style
stilisiert	adj	stylised
stimmen	v	to be true
Straße(-n)	f	street
streng	adj	strict
stressig	adj	stressful
Strophe(-n)	f	verse
studieren	v	to study
Stunde(-n)	f	hour
suchen	v	to look for
Supermarkt(¨e)	m	supermarket
süß	adj	sweet
Symbolkraft	f	symbolic power

T

Tag(-e)	m	day
talentiert	adj	talented
Talentwettbewerb(-e)	m	talent competition
Tante(-n)	f	aunt
tanzen	v	to dance
Tasche(-n)	f	bag
Tasse(-n)	f	cup
(sich) tätowieren lassen	v	to have a tattoo
Teddybär(-en)	m	teddy bear
Teilzeitjob(-s)	m	part-time job
Telefonnummer(-n)	f	phone number
Tennisspieler(-)	m	tennis player
testen	v	to test
Texte	m(pl)	lyrics
Theater(-)	nt	drama, theatre
Theaterwissenschaft(-en)	f	drama
Themse	npr	Thames
Therapie(-n)	f	therapy
tief	adj	deep
Tier(-e)	nt	animal
Tisch(-e)	m	table
Tochter(¨)	f	daughter
toll	adj	great
Tor(-e)	nt	gateway
total	adv	completely
Tournee(-s)	f	tour
tragen	v	to wear
Trainer(-) / Trainerin(-nen)	m/f	coach
trainieren	v	to train
Transportkosten	(pl)	transport costs
trinken	v	to drink
Trompete(-n)	f	trumpet
Tür(-en)	f	door
Turner(-) / Turnerin(-nen)	m/f	gymnast

U

über	prep	about; over
übernachten	v	to spend the night
Uhr(-en)	f	time; clock
Ultraschallbild(-er)	nt	ultrasound picture
um	prep	around
umweltfreundlich	adj	environmentally friendly

Unfall(¨e)	m	accident
unfreundlich	adj	unfriendly
unter	prep	under
Unterricht	m	lessons, classes
Unterschied(-e)	m	difference
unterwegs	adv	on the way
Urlaub(-e)	m	holiday

V

Vater(¨)	m	father
verdienen	v	to earn
Vergangenheit	f	past
vergessen	v	to forget
sich verletzen	v	to hurt, injure oneself
verrückt	adj	mad, crazy
viel	adv	a lot
viele	adj	many
voll	adj	full
von	prep	from
vor	prep	before
vorbereiten	v	to prepare
Vorbild(-er)	nt	role model, idol
vorsichtig	adj	cautious

W

wach	adj	awake
Wald(¨er)	m	wood, forest
Wand(¨e)	f	wall
wandern	v	to hike
Wann…?	interrog	When…?
Warum…?	interrog	Why…?
Was für…?	interrog	What type of…? / What sort of…?
waschen	v	to wash
Wasserfall(¨e)	m	waterfall
Wasserrutsche(-n)	f	water slide
Wassersport	m	water sport
wechseln	v	to change
weich	adj	soft
Weide(-n)	f	pasture
weil	conj	because
weit	adj	far; wide
Weitsprung	m	long jump
Wellnessbereich(-)	m	spa
Welt(-en)	f	world
Weltkrieg(-e)	m	World War
Weltrekord(-e)	m	world record
weltweit	adj	all over the world, worldwide
Wer…?	interrog	Who…?
werden	v	to become
Wettbewerb(-e)	m	competition
wieder	adv	again
windsurfen	v	to windsurf
Winterferien	(pl)	winter holidays
Woche(-n)	f	week
Wochenende(-n)	nt	weekend
wohnen	v	to live
Wohnzimmer(-)	nt	living room
Wolle	f	wool
wollen	v	to want
Wort(¨er)	nt	word
wunderbar	adj	wonderful

Z

zählen	v	to count
Zahn(¨e)	m	tooth
Zeit(-en)	f	time
Zeitschrift(-en)	f	magazine
Zeitungsausträger(-) / Zeitungsausträgerin (-nen)	m/f	newspaper delivery boy / newspaper delivery girl
Zelt(-e)	nt	tent
ziemlich	adv	quite
Zimmer(-)	nt	room
zu	prep	to
zuerst	adv	first of all
zufrieden	adj	pleased
Zukunft	f	future
Zukunftspläne	m(pl)	future plans
zweimal	adv	twice
Zwerg(-e)	m	dwarf
zwischen	prep	between

hundertdreiundvierzig **143**

Anweisungen

Beantworte die Fragen (auf Englisch/Deutsch).	Answer the questions (in English/German).
Benutze …	Use …
Beschreib …	Describe …
Diskutiere …	Discuss …
Ersetze die unterstrichenen Wörter.	Replace the underlined words.
Finde (in den Sätzen) die Fehler.	Find the mistakes (in the sentences).
Finde (die Paare).	Find (the pairs).
Füll die Lücken aus.	Fill in the gaps.
Gruppenarbeit.	Group work.
Hör dir (das Interview) an.	Listen to (the interview).
Hör noch mal zu.	Listen again.
Hör zu (und wiederhole/vergleiche).	Listen (and repeat/compare).
Korrigiere …	Correct …
Lies (den Reim) vor.	Read (the rhyme) aloud.
Lies (den Text/die Texte/das Interview).	Read (the text/the texts/the interview).
Lies (den Text/die E-Mail) noch mal.	Read (the text/the email) again.
Mach Dialoge über …	Create dialogues about …
Mach ein Interview.	Conduct an interview.
Mach eine (kurze) Präsentation.	Do a (short) presentation.
Mach Notizen (auf Englisch).	Make notes (in English).
Notiere …	Note down …
Partnerarbeit.	Pair work.
Präsentiere …	Present …
Rate mal.	Guess.
Richtig oder falsch?	True or false?
Schlag (im Wörterbuch) nach.	Check (in the dictionary).
Schreib (den richtigen Buchstaben/die Wörter) auf.	Write down (the correct letter/the words).
Schreib (einen Bericht/eine E-Mail).	Write (a report/an email).
Schreib … ab.	Copy …
Schreib die Tabelle ab und füll sie aus.	Copy and complete the table.
Sieh dir (die Bilder/das Foto) an.	Look at (the pictures/the photo).
Sieh dir den Text noch mal an.	Look at the text again.
Sprich die Wörter aus.	Pronounce the words.
Sprich über …	Talk about …
Stell und beantworte Fragen.	Ask and answer questions.
Tauscht die Rollen.	Switch roles.
Überprüfe …	Check …
Übersetze …	Translate …
Verbinde (die Sätze/die Satzhälften/die Wörter).	Join (the sentences/the sentence halves/the words).
Vergleiche (die Antworten mit einem Partner/einer Partnerin).	Compare (your answers with a partner).
Vervollständige die Sätze.	Complete the sentences.
Wähl (eine Person/die richtige Antwort) aus.	Choose (a person/the right answer).
Wähl aus dem Kasten.	Choose words from the box.
Was ist deine Meinung?	What is your opinion?
Was ist die richtige Reihenfolge?	What is the correct order?
Was passt zusammen?	Match the pairs.
Welcher/Welche/Welches …?	Which …?
Welche Wörter fehlen?	Which words are missing?
Wer/wie/wo/wie viel …?	Who/how/where/how much/many …?
Wiederhole (Aufgabe 6).	Repeat (exercise 6).
Wie heißt das auf Deutsch/Englisch?	What is it in German/English?
Wie sagt man …?	How do you pronounce …?